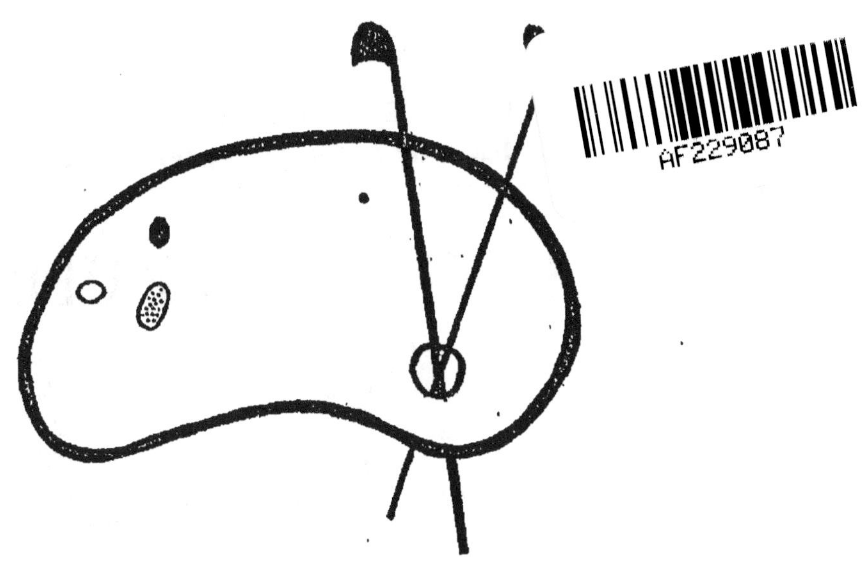

DÉBUT D'UNE SÉRIE DE DOCUMENTS
EN COULEUR

SCIENCE ET RELIGION
Études pour le temps présent n° 226

PHILOSOPHIE DE LA PRIÈRE

PAR

I. L. GONDAL S. S.

Supérieur du grand séminaire de Toulouse

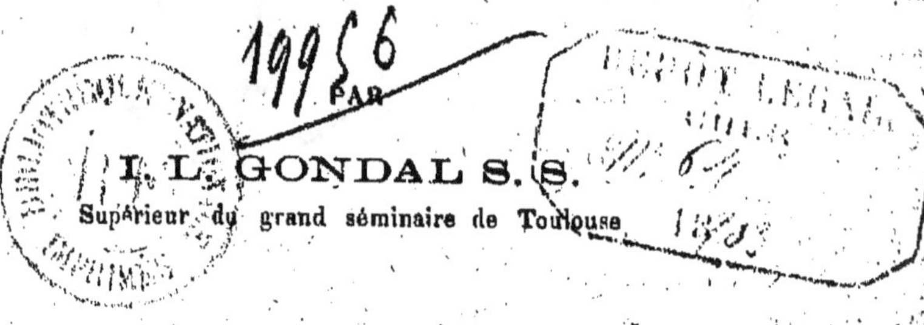

PARIS

LIBRAIRIE BLOUD & Cie

4, RUE MADAME ET RUE DE RENNES, 59

— L'Apologétique historique au XIXᵉ siècle. La Critique irréligieuse de Renan, etc., par l'abbé Ch. Denis. 1 vol.

— Nature et Histoire de la liberté de conscience, par l'abbé Canet. 1 vol.

— L'Animal raisonnable et l'Animal tout court, par C. de Kirwan. 1 vol.

— La Conception catholique de l'Enfer, par l'abbé Brémond. 1 vol.

— L'Attitude du catholique devant la Science, par G. Fonsegrive. 1 vol.

— *Du même auteur* : Le Catholicisme et la Religion de l'Esprit. 1 vol.

— Du Doute à la Foi, par le R. P. Tournebize, S. J. 1 vol.

— *Du même auteur* : Opinions du jour sur les peines d'outre-tombe. 1 vol.

— La Synagogue moderne, sa doctrine et son culte, par A. F. Saubin. 1 vol.

— *Du même auteur* : Le Talmud et la Synagogue moderne. 1 vol.

— Evolution et Immutabilité de la doctrine religieuse dans l'Eglise, par M. Prunier, supérieur de grand séminaire. 1 vol.

— La Religion spirite, son dogme, sa morale et ses pratiques, par I. Bertrand. 1 vol.

— *Du même auteur* : L'Occultisme ancien et moderne. 1 vol.

— L'Hypnotisme franc et l'Hypnotisme vrai, par le Docteur Hélot. 1 vol.

— L'Eglise et le Travail manuel, par l'abbé Sabatier. 1 vol.

— Unité de l'espèce humaine, *prouvée par la similarité des conceptions et des créations de l'homme*, p. le marquis de Nadaillac. 1 vol.

— *Du même auteur* : L'Homme et le Singe. 2 vol.

— Le Socialisme contemporain et la Propriété, par M. G. Nant. 1 vol.

— Pourquoi le Roman à la mode est-il immoral et pourquoi le Roman moral n'est-il pas à la mode ? p. G. d'Azambuja. 1 vol.

— Comment se sont formés les Evangiles ? par le P. Th. Calmes, professeur au grand séminaire de Rouen. 1 vol.

— L'Impôt et les Théologiens, *Etude philosophique, morale et économique*, par le comte de Vorges, ancien ministre plénipotentiaire, membre de l'Académie de Saint-Thomas, etc., etc. 1 vol.

— *Du même auteur* : Les Ressorts de la Volonté et le libre arbitre. 1 vol.

— Nécessité mathématique de l'existence de Dieu. *Explications. — Opinions, Démonstrations*, par René de Cléré. 1 vol.

— Saint Thomas et la Question juive, par Simon Deploige, professeur de l'Université Catholique de Louvain. 1 vol.

— Premiers principes de Sociologie Catholique, par l'abbé Naudet. 1 vol.

— La Patrie. — *Aperçu philosophique et historique*, par J. M. Villefranche. 1 vol.

— Le Déluge de Noé et les races Prédiluviennes, par C. de Kirwan. 2 vol.

— La Saint-Barthélemy, par Henri Hello. 1 vol.

— L'Esprit et la Chair. *Philosophie des macérations*, par Henri Lasserre, auteur de *Notre-Dame de Lourdes*, etc., etc. 1 vol.

— **Le Levier d'Archimède ou la Mécanique céleste et le Céleste mécanicien**, par le R. P. Ortolan. 2 vol.

— **Ce que le Christianisme a fait pour la femme**, par G. d'Azambuja. 1 vol.

— **L'Hypnotisme et la Stigmatisation**, par le Dr Imbert-Gourbeyre. 1 vol.

— **L'Education chrétienne de la Démocratie**, *essai d'apologétique sociale*, par Ch. Calippe. 1 vol.

— **La Religion catholique peut-elle être une science ?** par l'abbé G. Frémont. 1 vol.

— *Du même auteur :* **Que l'Orgueil de l'Esprit est le grand écueil de la Foi**, *Théodore Jouffroy, Lamennais, Ernest Renan.* 1 vol.

— **La Révélation devant la Raison**, par F. Verdier, supérieur de Grand Séminaire. 1 vol.

— **Confréries musulmanes.** — *Histoire, Discipline, Hiérarchie*, par le R. P. Petit. 1 vol.

— **Pratique de la Liberté de conscience dans nos Sociétés contemporaines**, par l'abbé Canet. 1 vol.

— **Comment peut finir l'Univers**, d'après la science, par C. de Kirwan. 1 vol.

— **Les Théories modernes de la Criminalité**, par le Docteur Delassus. 1 vol.

— **Faillite du Matérialisme**, par Pierre Courbet, 3 vol. *se vendant séparément :*
   I. — *Historique.* 1 vol.
   II. — *Discussion ; l'atome et le mouvement.* 1 vol.
   III. — *Discussion ; l'éther, les gaz, l'attraction. Conclusion. — Appendice.* 1 vol.

— **Le Globe terrestre**, par A. de Lapparent, Membre de l'Institut, professeur à l'Ecole libre des Hautes Etudes, 3 vol. *se vendant séparément.*
   I. — *La Formation de l'écorce terrestre.* 1 vol.
   II. — *La nature des mouvements de l'écorce terrestre.* 1 vol.
   III. — *La Destinée de la terre ferme et la Durée des temps.* 1 vol.

— **De la Connaissance du Beau**, *sa définition, application de cette définition aux beautés de la nature*, par l'abbé Gaborit, archiprêtre de la Cathédrale de Nantes. 1 vol.

— **Le Diable dans l'Hypnotisme**, par le docteur Ch. Hélot. 1 vol.

— **De la Prospérité comparée des nations protestantes et des nations catholiques**, *au point de vue économique, moral, social*, par le R. P. Flamérion, S. J. 1 vol.

— **L'Art et la Morale**, par le P. Sertillanges, dominicain, docteur en théologie. 1 vol.

— **La Sorcellerie**, par I. Bertrand. 1 vol.

— **Qu'est-ce que l'Ecriture sainte ?** *Les Livres inspirés dans l'antiquité chrétienne : Théorie de l'inspiration*, p. le P. Th. Calmes. 1 vol.

— **Les Morts reviennent-ils ?** par I. Bertrand. 1 vol.

(Demander la liste **complète** *des volumes* **Science et Religion**, *parus à ce jour).*

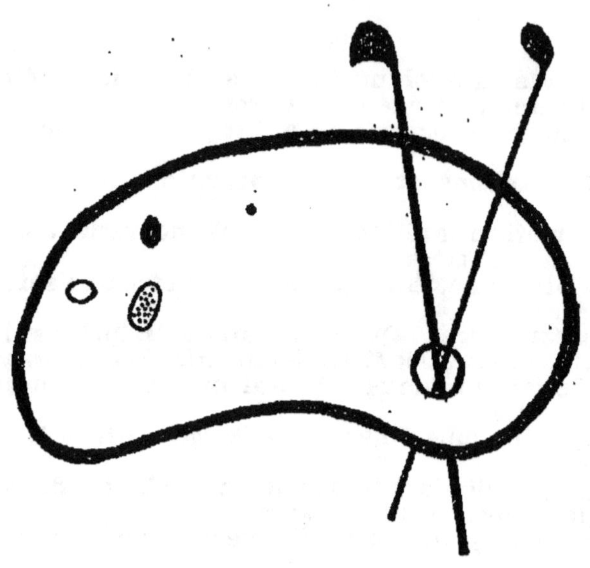

FIN D'UNE SERIE DE DOCUMENTS
EN COULEUR

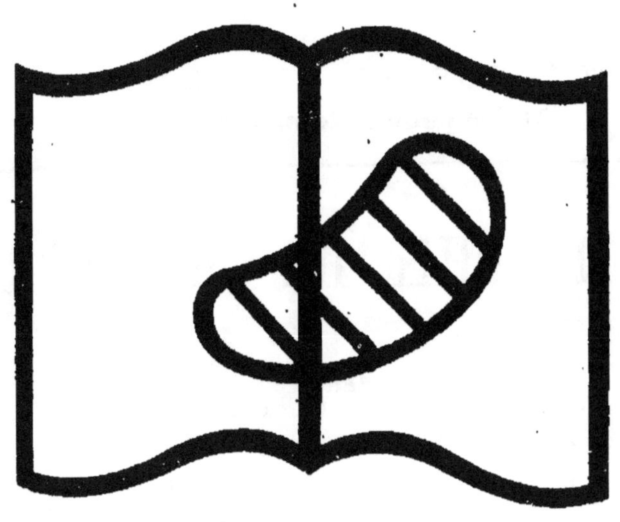

Illisibilité partielle

VALABLE POUR TOUT OU PARTIE DU
DOCUMENT REPRODUIT

SCIENCE ET RELIGION
Etudes pour le temps présent

PHILOSOPHIE DE LA PRIÈRE

PAR

I. L. GONDAL S. S.

Supérieur du grand séminaire de Toulouse

PARIS

LIBRAIRIE BLOUD & Cⁱᵉ

4, RUE MADAME ET RUE DE RENNES, 59

1903

PRÉFACE

Prière, idée sublime, devoir sacré, action sainte.

Cette idée, il faut la voir, et donc la regarder en face ; ce devoir, il faut l'accepter, et donc se pénétrer des raisons qui l'imposent ; cette action, il faut la bien faire, et donc s'y exercer selon toutes les règles.

Nature, Nécessité et Pratique de la Prière ; en trois mots, toute la philosophie de ce grand sujet ; la matière et la division du présent opuscule.

L'auteur qui, avant tout visé à la clarté, laisse volontiers la parole aux autres. Sûr du chemin et satisfait du rôle de guide, il s'attarde à écouter et à regarder ; le spectacle est si beau, le concert si doux !

Dieu bénisse ce modeste essai (1).

---

(1) *Philosophie de la Prière* n'est qu'un chapitre remanié d'un ouvrage de l'auteur depuis longtemps épuisé : *Religion* — La nouvelle édition de *Religion* entièrement refondue et considérablement augmentée, qui paraîtra prochainement, condense en un seul paragraphe la doctrine du présent traité.

PHILOSOPHIE DE LA PRIÈRE

CHAPITRE I

DE LA PRIÈRE D'ADORATION ET D'ACTION DE GRACES

1. *Des deux acceptions du mot prière.* — Tantôt large à l'égal de « culte » le mot prière s'applique à tous les actes indistinctement par lesquels l'homme s'efforce de rendre à Dieu ses devoirs ; et tantôt réduit aux proportions de « requête » il n'exprime plus que l'ascension de l'âme vers Dieu pour lui exposer ses besoins.

Synonyme de religion ou synonyme de demande, au sens large ou au sens restreint (1), la prière est ou men-

(1) Où trouver de la prière une définition plus compréhensive et mieux compréhensible que la suivante ? « Une élévation et une application de notre esprit et de notre cœur à Dieu, pour lui rendre nos devoirs, lui demander nos besoins, et en devenir meilleurs pour sa gloire. »
Saint Jean Damascène indiquait déjà nettement les deux sens du mot quand il définissait la chose : « L'ascension de l'âme vers Dieu, ou la demande faite à Dieu de ce qui convient ». Saint Grégoire de Nysse, saint Jean Chrysostome et saint Augustin prenaient le mot au sens large quand ils disaient de la prière qu'elle est, ou « une audition de Dieu », ou « un colloque avec Dieu », ou « un regard affectueux de l'âme vers Dieu ». Votre prière, a dit encore saint Augustin, « votre prière est la parole que vous adressez à Dieu. Quand vous lisez, c'est Dieu qui vous parle ;

tale ou vocale : mentale, lorsque nous nous contentons de former sans bruit dans nos cœurs l'hommage ou la requête que nous adressons à Dieu ; vocale, quand notre hommage ou notre requête prend corps dans une formule et retentit sur nos lèvres.

Distinctions fondamentales autant que pratiques ; et donc nécessaires. Que de préventions en effet contre la prière des lèvres, même dans des âmes capables et désireuses de pratiquer la prière du cœur ! Que de nobles esprits malheureusement étrangers à nos croyances surnaturelles, même quand ils professent avec éclat un spiritualisme religieux et pratique, nourrissent contre la prière au sens restreint des préjugés en apparence irréductibles ! Adorer Dieu, c'est bien ; le remercier, c'est bon ; implorer son pardon, passe encore ; — mais solliciter son secours, mais mendier, mais tendre la main !

La prière de demande, celle qui fait que l'homme tombe à genoux uniquement pour présenter à Dieu sa requête, plusieurs n'hésitent pas à la déclarer illicite ; beaucoup sont tentés de nier qu'elle soit vraiment efficace ; tous ou presque tous veulent qu'en aucun cas elle ne puisse être obligatoire.

Avant d'aborder les questions qui nous divisent, admirons celles qui nous unissent. Ensemble adorons et remercions. Mieux fixés et d'accord sur les raisons qui rendent obligatoire l'hommage de la prière de religion, nous serons plus libres et plus forts pour discuter à fond les sophismes par lesquels on tente d'ébranler la croyance à la nécessité de la prière de demande.

2. *Que l'adoration est un sentiment naturel.* — « L'adoration religieuse, dit Bossuet, c'est une reconnaissance en Dieu de la plus haute souveraineté, et en nous de la plus profonde dépendance (1) ». Et dès lors n'est-il pas de toute impossibilité que l'adoration puisse cesser, ne fût-ce

quand vous priez, c'est vous qui parlez à Dieu ». Saint Thomas prend le mot prière au sens restreint. La prière, dit-il, citant la seconde partie de la définition de saint Jean Damascène et l'approuvant, « la prière est la demande faite à Dieu, de ce qui convient ».

(1) BOSSUET. — *Sermon sur le culte de Dieu*, édit., Lebarcq, t. V, p. 106.

qu'un seul jour, d'être pour la nature humaine, le plus légitime des besoins et le plus impérieux des devoirs ? Un éminent spiritualiste du dernier siècle noblement en fait l'aveu : « L'adoration, dit-il, est un sentiment universel. Il diffère en degrés, selon les différentes natures ; il prend les formes les plus diverses ; souvent même il s'ignore lui-même ; tantôt il se traduit par une exclamation partie du cœur, dans les grandes scènes de la nature et de la vie ; tantôt il s'élève silencieusement dans l'âme muette et pénétrée ; il peut s'égarer dans son expression, dans son objet même ; mais au fond il est toujours le même. C'est un élan de l'âme spontané, irrésistible ; et quand la raison s'y applique, elle le déclare juste et légitime. Quoi de plus juste, en effet, que de redouter les jugements de celui qui est la sainteté même, qui connaît nos actions et nos intentions, et qui les jugera comme il appartient à la suprême justice ? Quoi de plus juste aussi que d'aimer la parfaite bonté et la source de tout amour ? L'adoration est d'abord un sentiment naturel, la raison en fait un devoir (1) ». « Elle est un acte de la raison : car le propre de l'adoration c'est de mettre la créature dans son ordre, c'est-à-dire de l'assujettir à Dieu. Or est-il dit qu'il appartient à la raison d'ordonner les choses : donc la raison est le principe de l'adoration, laquelle par conséquent doit être conduite par la connaissance (2) ».

3. *Des vérités qui l'imposent.* — Trois notions premières, au sentiment de Bossuet, ont principalement porté les hommes à adorer Dieu : la *perfection* de son être, la *souveraineté* de sa puissance, et la *bonté* de sa nature. L'adoration renfermerait donc, avec une certaine admiration mêlée d'un respect profond pour la grandeur incompréhensible de Dieu, une entière dépendance de son absolue souveraineté, et un recours volontaire à sa bonté infinie. Il y a, en effet, dans le cœur de l'adorateur véritable, de celui qui, selon le mot de l'Évangile, « adore le père en esprit et en vérité », un respect, une soumission et un amour si profonds, si vrais, si ardents, que l'être d'em-

(1) Cousin. — *Du vrai, du beau et du bien*, xvie leçon, p. 426, 427.

(2) Bossuet. — *Loc. cit.*, p. 106.

prunt qui est en lui voudrait comme se perdre et s'anéantir pour mieux affirmer sa dépendance, pour mieux reconnaître la souveraineté de son Créateur.

Il faut lire, dans l'incomparable orateur, le développement de cette sublime théologie. « Nous aimons Dieu, dit-il, parce que nous le connaissons, mais nous l'adorons parce que nous ne le comprenons pas : c'est-à-dire, ce que nous connaissons de ses perfections fait que notre cœur s'y attache comme à son souverain bien ; mais, parce que c'est un abîme impénétrable que nous ne pouvons sonder, nous nous perdons à ses yeux ; nous supprimons devant lui toutes nos pensées, nous nous contentons d'admirer de loin une si haute majesté, et nous nous laissons pour ainsi dire engloutir par la grandeur de sa gloire : et c'est là adorer Dieu en vérité (1) ».

4. *Devoir essentiel, immuable et éternel.* — Reconnaître de son mieux la dépendance complète où il est vis-à-vis du Maître suprême, pour l'être raisonnable, devoir essentiel, immuable, éternel. De telle nature est, en effet, la dépendance de la créature par rapport au Créateur, que rien ne peut ni la détruire, ni l'amoindrir, ni même la modifier, par la raison très simple qu'elle est absolue. Dieu est plus ou moins adoré suivant les temps, suivant les lieux, suivant les personnes ; mais il est pour tous, partout et toujours, également adorable. Considéré en lui-même, c'est-à-dire dans la relation qui lui sert de base, le devoir de l'adoration est donc non seulement universel et éternel, mais immuable. Un ange du ciel n'a pas, à l'heure présente, plus de raisons d'adorer Dieu qu'il n'en avait à l'instant même où il fut, pour la première fois, mis

---

(1) Bossuet. — *Loc. cit.*, p. 109-110. Environ trente ans après avoir prononcé ces paroles, Bossuet écrivait : « Plus on avance à connaître Dieu, plus on voit, pour ainsi parler, qu'on n'y connaît rien qui soit digne de lui ; et en s'élevant au-dessus de tout ce qu'on en a jamais pensé ou qu'on en pourrait penser dans toute l'éternité, on le loue dans sa vérité incompréhensible, et on se perd dans cette louange, et on tâche de réparer, en aimant, ce qui manque à la connaissance ; quoique tout cela soit une espèce de connaissance, et une lumière d'autant plus grande que son propre effet est d'allumer un saint et éternel amour ». *Médit. sur l'Évangile ; la Cène*, IIe partie, XXXVIIe jour.

en présence de son Créateur ; le vieillard n'est pas plus tenu d'adorer que le jeune homme. Tous sont, au même titre et immuablement, les serviteurs d'un même Maître, les adorateurs d'un même Dieu.

5. *La reconnaissance fruit du cœur.* — Quant à la reconnaissance, au dire du P. Monsabré, elle serait moins un fruit de l'intelligence qu'un fruit du cœur. « L'intelligence, dit-il, connaît les bienfaits, les enveloppe de sa lumière, les fait descendre radieux vers les rivages sacrés du cœur, et le cœur touché reconnaît. Il reconnaît, non par un sentiment vague qui ne sait pas s'exprimer ; car de même que la connaissance des perfections divines se résout pratiquement en une prière que nous appelons l'adoration, la reconnaissance des bienfaits divins se résout pratiquement en une prière que toutes les langues humaines ont appelé le remerciement. l'action de grâces. Un auteur a dit de la prière qu'elle est la *respiration de l'âme* ; j'ai oublié son nom, mais je le remercie de cette belle parole, elle rencontre ici son application. Comme il y a dans toute poitrine humaine deux mouvements, l'un qui aspire l'air, l'autre qui l'expire après qu'il a vivifié le sang, il doit y avoir dans toute âme humaine deux mouvements, l'un qui aspire les dons de Dieu, l'autre qui les expire sous la forme sacrée de la prière de l'action de grâces ».

Vraiment, s'écrie l'Eglise, au nom du peuple chrétien, par la bouche de ses prêtres, avant de commencer l'immolation sacro-sainte, dans laquelle se résument tous les bienfaits divins, « vraiment, il est digne de vous, ô Seigneur, il est juste, équitable et salutaire que toujours et partout nous payions à votre amour le tribut de l'action de grâces ».

CHAPITRE II

DE LA PRIÈRE UNIVERSELLE

1. *Débiteurs insolvables.* — Et ce tribut, qu'est-il autre chose que le cri de reconnaissance arraché au cœur de l'homme par les libéralités du Bienfaiteur souverain ? S'il est vrai que la reconnaissance a sa mesure dans le bienfait reçu, quel transport, quel chant, quel service pourra rendre à Dieu « l'action de grâces » qui lui est due par chacun de nous ?

Il m'a fait don d'une âme immortelle ; ma reconnaissance, comme mon adoration, sera donc éternelle. Par un pur effet de son amour il m'a élevé au-dessus de beaucoup de mes frères ; ne serait-il pas de toute justice que mon éternel merci fût et plus pur et plus enflammé ? Voilà vingt ans, trente ans, soixante ans peut-être que j'expérimente incessamment les miséricordieuses bontés du Père céleste ; ne devrais-je pas tous les jours plus vivement sentir le besoin de le louer, de l'exalter, de le bénir ? Dette sacrée, toujours grandissante ! Un *Te Deum* éternel et universel suffirait-il à reconnaître comme il convient un seul de ses bienfaits ? Et ces marques de son amour multipliées nous accablent, destinées à se renouveler, à s'amonceler durant toute l'éternité. Insolvables dès le premier jour et tous les jours chargés de nouvelles dettes, pour un noble cœur quel tourment et quel stimulant ! Incapable d'un « merci » égal au « bienfait », j'élèverai du moins mon audace au niveau de ma puissance, et, après avoir fait à Dieu, l'offrande émue de tout moi-même, je donnerai une âme à la création tout entière, et, lui adressant, au nom du Créateur, de solennelles provocations, je lui offrirai pour remonter jusqu'à notre commun Maître, mon esprit, mon cœur et ma voix !

2. *Accents inspirés.* — « O Jéhova, s'écriait le psalmiste, ô Jéhova notre maître, que ton nom est glorieux par toute la terre !

« Toi qui fais éclater ta majesté dans les cieux ! De la bouche des enfants et des nourrissons, tu tires ta gloire contre tes ennemis, pour réduire au silence l'adversaire et le révolté.

« Quand je regarde ton ciel, l'œuvre de tes doigts, la lune et les étoiles que tu as faites, qu'est-ce que l'homme, pour que tu te souviennes de lui, le fils de l'homme, pour que tu prennes soin de lui ?

« Tu l'as placé un peu au-dessous des anges, et tu l'as couronné de gloire et d'honneur. Tu lui donnes l'empire sur les œuvres de tes mains, tu as tout mis sous ses pieds.

« Les brebis et les bœufs, et tous les animaux des champs : les oiseaux du ciel et les poissons de la mer, tout ce qui parcourt les sentiers des mers.

« O Jéhova, notre maître, que ton nom est glorieux par toute la terre ! (1) »

Et ailleurs, toujours sous l'action du même enthousiasme divin : « Louez Jéhova, habitants des cieux, louez-le, habitants des régions élevées. Louez-le, vous tous, ses anges, louez-le, vous toutes, ses milices, louez-le, toutes, brillantes étoiles !

« Louez-le, cieux des cieux, et vous, eaux des hauteurs des cieux. Qu'ils louent le nom de Jéhova ; car il a voulu, et ils furent créés Il les a établis pour toujours, il a posé une loi qu'on ne transgressera pas.

« Louez Jéhova, habitants de la terre, monstres marins, profonds abîmes, foudre, neige, grêle et vapeurs ; souffles de la tempête, exécuteurs de ses ordres, montagnes et vous toutes, collines, arbres à fruits, et vous tous, cèdres.

« Animaux sauvages, troupeaux des champs, reptiles et oiseaux ailés ; rois de la terre, et vous tous, juges d'ici-

____

(1) Psaume VIIIᵉ.

bas, jeunes gens et jeunes filles, vieillards et adolescents.

« Qu'ils louent le nom de Jéhova, car ce nom seul est grand, sa majesté domine la terre et les cieux ! Il a relevé la puissance de son peuple : qu'il en soit loué de tous ses fidèles, des enfants d'Israël, peuple qui lui est proche ! Louange à Dieu ! (1) »

3. *Roi et Pontife de l'Univers.* — C'est qu'en effet l'homme adore et remercie non seulement en son nom, mais au nom de toutes les créatures. Roi et Pontife de l'Univers, il aime à faire remonter vers Dieu l'hommage de la création tout entière. Ce rôle auguste de médiateur officiel et universel d'adoration et d'action de grâces si divinement interprété par le Psalmiste, notre Bossuet l'a décrit et chanté avec une précision et une ampleur incomparables. Prêchant un jour, au château de Saint-Germain devant la Cour : « Toute la nature, disait ce grand homme, veut honorer Dieu et adorer son principe autant qu'elle en est capable. La créature privée de raison et de sentiment n'a point de cœur pour l'aimer ni d'intelligence pour le connaître : ainsi ne pouvant connaître, tout ce qu'elle peut, dit saint Augustin, c'est de se présenter elle-même à nous, pour être du moins connue et nous faire connaître son divin auteur. C'est pour cela qu'elle étale à nos yeux avec tant de magnificence son ordre, ses diverses opérations et ses infinis ornements. Elle ne peut voir, elle se montre ; elle ne peut adorer, elle nous y porte ; elle ne peut aimer, elle nous y presse ; et ce Dieu qu'elle n'entend pas, elle ne nous permet pas de l'ignorer. C'est ainsi qu'imparfaitement et à sa manière elle glorifie le Père céleste.

« Mais l'homme, animal divin plein de raison et d'intelligence, et capable de connaître Dieu par lui-même et par toutes les créatures, est aussi pressé par lui-même et par toutes les créatures à lui rendre ses adorations. C'est pourquoi il est mis au milieu du monde, mystérieux abrégé du monde, afin que contemplant l'univers entier et le ramassant en soi-même, il rapporte uniquement à Dieu et soi-même et toutes choses ; si bien qu'il n'est le contemplateur de la nature visible qu'afin d'être l'adora-

____

(1) Psaume CXLVIII^e.

teur de la nature invisible qui a tout tiré du néant par sa souveraine puissance (1). »

C'est l'honneur des grandes âmes de tous les temps et de tous les pays d'avoir regardé cette médiation comme un devoir ; c'est le privilège des cœurs magnanimes, des auteurs divinement inspirés, des poètes de génie, et des amants passionnés de Dieu d'avoir trouvé, pour célébrer les grandeurs du Maître du monde, des accents si puissants et si doux, qu'à leur voix l'univers prend une âme, et chante avec eux les bontés et la gloire du Créateur.

4. *Comment adore le génie.* — « Au moment où ils sortirent de dessous la voûte de leur berceau d'arbres, ils se trouvèrent d'abord en pleine vue du jour naissant et du soleil... découvrant dans un paysage immense tout l'orient du Paradis et les plaines heureuses d'Eden ; ils s'inclinèrent profondément, adorèrent et commencèrent leurs prières, chaque matin dûment offerte en différent style... Une éloquence rapide coulait de leurs lèvres, en prose ou en vers nombreux, si remplis d'harmonie, qu'ils n'avaient ni besoin du luth ni de la harpe pour ajouter à leur douceur.

« Ce sont là tes glorieux ouvrages, Père du bien, ô Tout-Puissant ! Elle est tienne, cette structure de l'univers, si merveilleusement belle ! Quelle merveille es-tu donc toi-même, Etre inénarrable, toi qui, assis au-dessus des cieux, es pour nous ou invisible ou obscurément entrevu dans tes ouvrages les plus inférieurs, lesquels pourtant font éclater au delà de toute pensée ta bonté et ton pouvoir divin !

« Parlez, vous qui pouvez mieux dire, vous fils de la lumière, anges ! car vous le contemplez ; et avec des cantiques et des chœurs de symphonies, dans un jour sans nuit, pleins de joie, vous entourez son trône, vous, dans le Ciel !

« Sur la terre, que toutes les créatures le glorifient,

(1) Bossuet, Carême de Saint-Germain, *Sermon sur le culte de Dieu,* vendredi de la 3ᵉ semaine, 2 avril 1666, exorde ; édit. Lebarcq, t. V, p. 104, 5. Voir Carême du Louvre. *Pour la fête de l'Annonciation,* samedi, 25 mars 1662, 3ᵉ point ; id. t. IV, p. 194.

lui le premier, lui le dernier, lui le milieu, lui sans fin !

« O la plus belle des étoiles, la dernière du cortège de la nuit si plutôt tu n'appartiens pas à l'aurore, gage assuré du jour, toi dont le cercle brillant couronne le brillant matin, célèbre le Seigneur dans ta sphère, quand l'aube se lève, à cette charmante première heure !

« Toi, soleil, à la fois l'œil et l'âme de ce grand univers, reconnais-le plus grand que toi, fais retentir sa louange dans ta course éternelle, et quand tu gravis le ciel, et quand tu atteins la hauteur du midi, et lorsque tu tombes !

« Lune, qui tantôt rencontres le soleil dans l'orient, qui tantôt luis avec les étoiles fixes, fixées dans leur orbe qui fuit ; et vous autres feux errants, qui tous cinq figurez une danse mystérieuse, non sans harmonie, chantez la louange de celui qui des ténèbres appela la lumière !

« Air, et vous les éléments, les premiers nés des entrailles de la nature, vous qui dans un quaternaire parcourez un cercle perpétuel, vous qui, multiformes, mélangez et nourrissez toutes choses, que vos changements sans fin varient de notre grand Créateur la nouvelle louange !

« Vous brouillards et exhalaisons, qui, en ce moment, gris ou ternes, vous élevez de la colline ou du lac fumeux jusqu'à ce que le soleil peigne d'or vos franges laineuses, levez-vous en l'honneur du grand Créateur du monde ! Et, soit que vous tendiez de nuages le ciel décoloré, soit que vous abreuviez le sol altéré avec des pluies tombantes, en montant ou en descendant, répandez toujours sa louange !

« Sa louange, vous, ô vents, qui soufflez des quatre parties de la terre, soupirez-la avec douceur ou force ! Inclinez vos têtes, vous, pins. Vous, plantes de chaque espèce, en signe d'adoration, balancez-vous !

« Fontaines, et vous qui gazouillez tandis que vous coulez, mélodieux murmures, en gazouillant dites sa louange !

« Unissez vos voix, vous tous âmes vivantes ; oiseaux qui montez en chantant à la porte du ciel, sur vos ailes et dans vos hymnes, élevez sa louange !

« Vous qui glissez dans les eaux, et vous qui vous promenez sur la terre, qui la foulez avec majesté, ou qui rampez humblement, soyez témoins que je ne garde le silence ni le matin ni le soir ; je prête ma voix à la colline ou à la vallée, à la fontaine ou au frais ombrage, et mon chant les instruit de sa louange !

« Salut, universel Seigneur ! sois toujours libéral pour ne nous donner que le bien. Et si la nuit a recueilli ou caché quelque chose de mal, dispersez-le, comme la lumière chasse maintenant les ténèbres ».

« Innocents ils prièrent, et leurs pensées recouvrèrent promptement une paix ferme et le calme accoutumé (1). »

5. *Et comment adore l'amour.* — « Mon Dieu, je vous adore, en toutes vos créatures ; je vous adore, véritable et unique soutien de tout le monde ; sans vous rien ne serait, et rien ne subsiste qu'en vous. Je vous aime, ô mon Dieu, et je loue votre majesté paraissant sous l'extérieur de toutes les créatures. Tout ce que je vois, ô mon Dieu, ne sert qu'à exprimer votre beauté secrète et inconnue aux yeux des hommes. Vous êtes au fond de tout, et paraissez sous chaque chose en quelqu'une de vos perfections.

« Vous paraissez sous des corps sensibles aux yeux de tous les hommes, lesquels ne peuvent vous voir en vous-même, qui êtes un Esprit invisible, et qui ne pouvez être aperçu de nous. Vous vous rendez sensible sous toutes choses, pour être aimé, loué et admiré de toutes sortes de créatures. Je vous adore par la foi, tel que vous êtes en vous, et je vous adore tel que vous me paraissez par le secours de mes sens, au dehors de vous-même.

« Mon Dieu, vous êtes bien plus beau et plus parfait en vous que tout ce que je vois répandu dans le monde. Il n'y a que figure en tout ce que je vois, il n'y a de vérité que dans vous-même ; tout me sert de peinture pour adorer l'original, qui est vous, ô mon grand Tout ; tout ceci ne me sert que comme d'un corps sensible pour adorer l'esprit caché qui réside au dedans de ces créatures et qui a semé en elles ces couleurs pour peindre ce qu'il est en lui-même.

(1) MILTON. *Le Paradis perdu*, l. V, trad. Châteaubriand.

« Mon Dieu, quoique vous vous soyez caché sous ces créatures, pour m'avertir de tout ce que vous êtes, et pour m'obliger d'adorer vos beautés, vous aurez encore eu beaucoup d'autres desseins que je ne connais pas. Je vous adore dans les desseins secrets de votre sagesse éternelle, en la création de l'univers. Surtout, ô mon Dieu, je vous dois remercier d'avoir fait tout ce beau monde pour me faire du bien.

« Vous avez mis dans l'Eglise des sacrements sous lesquels vous opérez dans nos âmes ; vous avez mis dans le monde des créatures sous lesquelles vous opérez en nos corps. Autant que je vois de créatures ou dans le ciel ou dans la terre, autant j'admire de ruisseaux de votre fécondité, de votre libéralité envers nous.

« Dieu, être très parfait, vous n'êtes pas un être oisif et une substance inutile ; vous faites voir par tous ces êtres qui se répandent en nous, et qui versent sur nous leur influence, quelle est votre fécondité. Tout ce qu'ils expriment, ô mon Dieu, n'est rien auprès de cette unique et simple fécondité qui réside en vous, par laquelle vous engendrez votre Verbe et répandez en lui l'infinité de votre essence.

« Oh ! que tout l'être de toutes ces créatures en leur distinction et multiplicité dit peu de choses de vous ! Oh ! que tout périsse devant mes yeux, puisqu'il me donne si peu à voir de ce que vous êtes !

« En un moment j'aurais vu ce que vous êtes, et je vous concevrais en votre vérité dans l'unité de votre essence ; mais ici, mon Tout, en mille années je ne concevrai rien de ce que vous êtes, et j'aurai mille idées inutiles qui se confondront en mon esprit. En attendant, mon Dieu, faites que je vous voie par la foi, et que je vous regarde par sa lumière mille fois plus sublime, plus pure, plus certaine, et qui dit plus, elle seule, que tout le monde ensemble.

« Je vous adore, ô mon Dieu, en toutes vos beautés et perfections, telles que vous les possédez en vous-même. J'adore votre splendeur et votre majesté, plus belle mille fois que celle du soleil. J'adore votre fécondité, mille fois plus admirable que celle qui paraît dans les astres. J'adore votre vie, infiniment plus agréable que celle qui paraît dans les fleurs. J'adore votre activité, infiniment plus agissante que celle qui paraît dans le feu. J'adore votre stabilité, infiniment plus arrêtée et plus solide que celle de la terre. J'adore votre subtilité, infiniment plus délicate que celle qui paraît dans l'air. J'adore votre douceur, votre calme, mille fois plus paisible que celui de nos fleuves. J'adore votre étendue, mille fois plus vaste et immense que celle de l'Océan et des mers qui enferment le monde. J'adore votre hauteur, un million de fois plus sublime que les montagnes que je vois. J'adore votre vitesse, qui passe celle des cieux. Mon DIEU, dans vos ouvrages, rien n'est comparable à vous (1). »

(1) M. OLIER. — *La journée chrétienne*, seconde partie : *Actes quand on va aux champs ou à la promenade*. Lire encore, *ibid.*, *quand on voit le soleil ; autre occupation sur le soleil; quand on voit la terre, les herbes, les fleurs et les fruits ; entendant chanter les oiseaux*, p. 357-393.

CHAPITRE III

1. *Valeur morale et intérieure de la prière.* — Adorer Dieu et le remercier, c'est pour toute conscience humaine un devoir impérieux : sur ce point, parmi les spiritualistes de toute dénomination, nulle dissidence, nulle hésitation. La prière de religion, pour quiconque croit Dieu créateur et l'âme immortelle, est non seulement convenable et utile, mais obligatoire et nécessaire.

Un second point sur lequel l'accord s'établit, comme de lui-même entre tous les cœurs sincères, quelles que soient d'ailleurs leurs opinions philosophiques, c'est celui d'une utilité au moins partielle et relative de la prière, de toute prière, y compris celle de simple demande.

Utile, la prière peut l'être en deux façons : par l'action qu'elle a sur Dieu, l'inclinant à nous exaucer et à nous bénir ; et par l'influence qu'elle exerce sur nous, nous exhortant et nous entraînant à la confiance, à l'effort, à la vertu ; elle peut être tout à la fois efficace et salutaire.

Or, c'est un fait que ceux-là mêmes qui nient le plus énergiquement l'efficacité réelle ou objective de la prière, reconnaissent volontiers son action salutaire sur la conscience du suppliant, et rendent ainsi hommage, à leur manière, à la bienfaisante influence du recours à Dieu. La prière, ils en conviennent et le proclament avec éloquence, la prière, par elle-même et indépendamment de toute intervention divine, élève l'homme, l'éclaire, le fortifie, le console et le guérit.

Personne, écrivait il y a un demi-siècle, un éminent homme d'Etat français, « personne ne méconnaît la valeur morale et intérieure de la prière, indépendamment de son efficacité, quant à son objet. Par cela seul qu'elle prie, l'âme se soulage, se relève, s'apaise, se fortifie ; elle éprouve en se tournant vers Dieu, ce sentiment de retour à la santé et au repos qui se répand dans le corps quand il passe d'un air orageux et lourd dans une atmosphère sereine et pure. Dieu vient en aide à ceux qui l'implorent avant et sans qu'ils sachent qu'il les exaucera (1). »

2. *Ascension bienfaisante.* — « Qu'est-ce que prier, s'écrie Jules Simon, sinon penser à Dieu, à la gloire, à la bonté, à la perfection de Dieu ? Pouvons-nous concevoir de telles pensées et les exprimer sans nous sentir améliorés et sanctifiés par leur présence dans notre âme, sans éprouver un élan d'amour vers Celui que nous adorons, sans concevoir un dégoût pour toute passion vile et pour tout attachement que la justice ne sanctionne pas (2) » ?

Il n'est pas jusqu'au plus nébuleux des rêveurs germaniques qui n'ait tenu à rendre à sa manière un hommage éclatant à la salutaire influence de la prière.

« Tous les peuples, ce sont ses propres paroles, tous les peuples ont toujours regardé la religion comme l'honneur de leur vie et pour ainsi dire comme le dimanche parmi les jours de leur existence. Tout ce qui éveille en nous le doute et le trouble, tous les soucis, toutes les sollicitudes, tous ces intérêts d'un jour, laissons tout cela sur la plage du temps, montons en esprit sur la montagne de l'éternité : alors les misères et les étroitesses de ce plat pays de la vie présente nous apparaîtront dans un lointain qui ne troublera plus la sérénité de notre âme, alors la dure réalité de l'existence actuelle ne nous semblera plus qu'une apparence, qu'une ombre, propre encore à relever plutôt qu'à affaiblir les clartés de cette pure et lumineuse région. Dans cette région de l'esprit coulent les eaux profondes de l'oubli où Psyché (l'âme) s'abreuve, et les ténèbres de cette vie y sont vues, ainsi qu'il convient, comme un

(1) GUIZOT. — *L'Eglise et la société chrétienne en 1861,* p. 23.
(2) J. SIMON. — *La religion naturelle,* 4ᵉ partie, ch. II, p. 378.

simple contour d'ombre servant à relever la lumière éternelle. (1) »

3. *Élévation sublime.* — « Le corps a ses sensations ; le
cœur, ses sentiments ; la volonté, ses désirs ; l'esprit, sa
pensée ; mais, au-dessus des sensations du corps, des sentiments du cœur, des désirs de la volonté, de la pensée de
l'esprit, il y a quelque chose encore, la prière. La prière
embrasse tout l'homme, toutes les facultés de l'âme se
réunissent dans la prière, dans la prière s'ouvrent et dé-
bordent toutes les sources de l'homme intérieur. C'est
pourquoi il n'y a pas de moyen de culture intellectuelle
plus universel, plus grand et plus efficace que la religion.
Elle seule donne la possibilité d'une culture harmonique
en développant d'une manière égale l'esprit, le cœur et la
volonté. La prière est un acte de l'homme tout entier,
c'est aussi son acte le plus élevé, sa vie proprement dite,
sa vie la plus vivante, c'est un feu sacré qui purifie toute
sa vie, une pure lumière qui éclaire toute sa conduite,
c'est le fondement et le centre de gravité de tout son être.
Qui ne prie pas, ne vit point, il ne fait que végéter ; qui
prie mal, vit mal. Une âme aurait beau être pourvue des
plus riches dons, si elle ne prie point, elle est comme la
face humaine lorsqu'elle n'est plus illuminée par le sens
de la vue. La pierre ne se meut point, elle est plus bas
que la plante ; la plante ne sent point, elle est plus bas
que l'animal ; l'animal ne pense point, il est plus bas que
l'homme ; et l'homme qui ne prie pas, est plus bas que
celui qui prie. Avec tout son esprit, le savant qui ne
prie pas est infiniment plus bas que la pauvre femme qui
prie (2). La prière est le degré le plus haut qu'une intelligence créée puisse atteindre, la prière l'élève en haut tout
près de Dieu, elle la place dans le courant des ondes éternelles. On peut le dire hardiment, si l'homme sent, s'il

(1) HEGEL, cité par Franz Hettinger.

(2) Abdel-el-Kader, qui, comme tout arabe intelligent, ne com-
prenait pas plus la vie sans prière que l'homme sans Dieu, disait
un jour à M. Léon Roches, en son langage imagé : « Un chrétien est très inférieur à un musulman. Le juif est pire qu'un
chrétien. L'idolâtre est pire qu'un juif. Le porc est pire que
l'idolâtre. Mais l'homme qui ne prie pas est pire que le porc »,
LÉON ROCHES, *Trente-deux ans à travers l'Islam,* t. I, p. 282.

pense, s'il existe, c'est uniquement pour prier. « Ceux-là seuls veillent, ô mon Dieu ! qui pensent à vous et qui vous aiment », dit Joubert. Tous les autres sont endormis, ils font des rêves et s'attachent à des fantômes (1). »

4. *Que l'homme n'est grand qu'à genoux.*'—Qui pourrait lire, après de pareils suffrages, sans un sentiment de douloureuse pitié, ces tristes paroles d'un sophiste célèbre ? « Reste debout, mon ami, tu seras encore assez petit. Au lieu de prier, travaille. La mendicité n'est belle, ni quand elle s'adresse à Dieu, ni quand elle s'adresse aux hommes (2). »

A réflexion impertinente, réponse sublime : « L'homme n'est grand qu'à genoux. En s'agenouillant il confesse qu'il connaît, qu'il aime, qu'il adore un Etre plus grand, plus beau, plus noble, meilleur que lui et que le monde. Prosterné devant cet être supérieur, il entre en communication avec sa majesté, il lui demande des sentiments qui l'agrandissent, une loi qui l'élève. Lorsque je m'agenouille pour adorer, en ces moments-là, loin de toucher la terre, je sens tomber les poids qui m'y attachent, je me sens pousser des ailes. Le pharisien priait debout. Derrière lui, le publicain prosterné se dépouillait de sa misère et se préparait à prendre son vol. Quant à ceux qui ne s'abaissent point devant Dieu, je connais ces êtres fiers. Agenouillés ou non, je les vois partout plus que courbés devant quelqu'un ou devant quelque chose : il y en a devant l'Institut, il y en a devant les journaux ; il y en a qui se tiennent ainsi devant eux-mêmes (3). »

5. *Joie profonde.* — Mais, prier n'est pas seulement l'honneur suprême de l'homme, c'en est encore toujours la plus douce et souvent l'unique consolation. « Comme l'encens ravive le charbon, dit Gœthe, ainsi fait la prière pour les espérances du cœur (4). » — « Il y a, écrit La-

<hr>

(1) FRANZ HETTINGER. — *Apologie du christianisme*, t. I, ch. VIII.

(2) J. J. ROUSSEAU.

(3) LOUIS VEUILLOT. — *Les Parfums de Rome*, t. I, p. 70.

(4) GŒTHE. — *Proverbes en prose*, III, 116.

mennais, des vents brûlants qui passent sur l'âme de l'homme et qui la dessèchent ; la prière est la rosée qui la rafraîchit... Quand vous avez prié, ne sentez-vous pas votre cœur plus léger et votre âme plus contente ? La prière rend l'affliction moins douloureuse et la joie plus pure ; elle mêle à l'une je ne sais quoi de fortifiant et de doux, et à l'autre un parfum céleste (1). » — « Dans les minutes lourdes de la vie, chante le poète russe, lorsque le désespoir arrive, je me souviens d'une vieille prière que je répète par cœur. — Il y a une force bienfaisante dans l'harmonie des maux vivants, et respire une incompréhensible sainte ivresse en eux. — Comme un fardeau tombe de l'âme ; le doute est déjà loin. Et l'on croit et l'on pleure ; et c'est si facile, si facile ! (2)

Echos lointains et pas toujours fidèles des grandes voix chrétiennes qui ont si bien chanté le bonheur de croire et la joie de prier. « La prière est le refuge des âmes tristes, le fondement de la joie, la source d'un perpétuel bonheur, la mère de la vraie philosophie (3). » — « Il suffit de verser Dieu dans son âme comme une liqueur précieuse pour recouvrer la dilatation du cœur, et la dilatation du cœur n'est autre chose que le passage de l'angoisse aux larges campagnes de la joie (4). » — « Rien ne soulage le cœur comme une prière bien faite, comme un regard d'amour vers la croix. Je ne sais quelle main invisible sèche nos larmes, soulève le fardeau qui empêchait la poitrine de respirer. Chacune de nos paroles, chaque mouvement de notre cœur semble monter vers les cieux et retomber sur nous comme un vent léger qui dissipe les nuages, comme une rosée qui ranime la plante desséchée ; le calme revient, l'amertume s'adoucit ; la sécurité de la confiance fait ouvrir ce cœur qui allait se fermer à la joie (5). »

6. *Consolation nécessaire.* — S'il n'est aucune joie légitime que la prière ne puisse rendre et plus douce et plus pure, que de douleurs sans elle, demeureraient sombres,

<hr>

(1) LAMENNAIS. — *Paroles d'un Croyant*, XVIII.
(2) LERMONTOF.
(3) JEAN CHRYSOSTOME. — *Contra Anomœos*, VIII, 7.
(4) SAINT AUGUSTIN. — *In psalmum*, IV, 2.
(5) Mgr LANDRIOT.

inconsolables, désespérées ! « A quoi nous rattacher, à quoi recourir quand le monde nous manque ? Où adresser nos soupirs sur le bord d'un tombeau ? A qui nous fier, quand notre amour est repoussé, quand notre vertu est calomniée, quand notre honneur est flétri ? Vers qui crier contre le dédain impitoyable, contre les cœurs fermés qui rejettent le sacrifice ? Quelque chose en nous nous excite à lever les yeux au ciel et à appeler Dieu à notre aide..... Si notre nature est faite pour souffrir, elle est faite aussi pour se plaindre à Dieu de sa souffrance, et pour trouver dans cette plainte un soulagement, un encouragement. Par la prière, la solitude est adoucie, ou plutôt elle est détruite : au moment où le monde nous abandonne et nous fuit, nous nous retrouvons en présence du seul ami qui ne trompe jamais, de Celui dont le nom est la justice ! »

7. *Préservatif souverain.* — « La prière, continue éloquemment le même écrivain, n'est pas seulement une ressource dans la souffrance : elle est un préservatif contre la faute. Un homme se laisse aller au courant de la passion ; au lieu de se rappeler les enseignements reçus dans sa jeunesse, il ne songe qu'au plaisir et à l'intérêt. La violence des sensations qu'il se procure produit un tel bruit dans son âme, qu'il n'entend plus et ne connaît plus qu'elles seules. Il tend toutes les forces de son intelligence vers la fin de ses appétits, et pendant qu'il les assouvit, il ne rêve qu'aux moyens de les faire renaître, pour les assouvir de nouveau. Dans cette subordination de tout son être au plaisir et à la recherche du plaisir, il perd le sens de ce qui est beau et droit ; sa volonté sans cesse traînée du même côté, s'étiole et devient incapable de résistance. Son intelligence mal cultivée, servie par des organes détériorés, pleine des plus honteux sophismes, affaiblie, dévoyée, ne sait plus discerner et suivre le vrai ; elle use tout ce que lui reste de force au service d'appétits ignobles, et n'arrive pas peut-être à égaler l'instinct de la brute.

« Ainsi s'affaisse de jour en jour cette noble créature, faite pour régner sur le monde et sur elle-même, quand au lieu de se tourner vers le ciel, et de commencer la vie du ciel sur la terre, elle prend le monde pour son tout, s'y attache de toute sa force, et fait sa gloire d'oublier le reste. Qui pourra la tirer de ses abîmes où elle roule ?

Peut-être ne lui fallait-il qu'un signe qui vînt lui rappeler Dieu. Cette seule pensée l'aurait aidée à se vaincre. Ce nom amène avec soi le cortège de tout ce qui est grand et noble. Il signifie la vérité et la vertu, il fait entrevoir des plaisirs dont l'âme est enivrée et auprès desquels tous les autres ne sont rien. C'est une lumière qui montre la pourriture des passions honteuses sous son aspect véritable. Quelque abattue que soit une âme, il y a quelque part en elle tout un ensemble de souvenirs touchants et vivifiants que ce grand nom de Dieu réveille ; et tout médecin des âmes sait que la guérison est possible, dès que le malade a consenti à prier (1). »

8. *Synonyme de Religion.* — « Du moment où un rapprochement s'établit entre l'âme et Dieu, que ce Dieu soit réel ou qu'il soit le produit de l'âme elle-même, celle-ci s'offre à Dieu telle qu'elle est avec ses besoins, car elle en a, avec ses misères et ses torts, car elle se sait misérable et mauvaise. Elle ne se borne pas à l'adorer, elle l'*implore*. Tendre à Dieu, c'est tendre à s'harmoniser avec lui, c'est s'efforcer de réaliser cet idéal dont les traits confusément aperçus sont tout ce que nous savons de Dieu. Tendre à Dieu, c'est s'efforcer de lui obéir, parce que nous sentons qu'il nous commande ; c'est s'efforcer de lui ressembler, si l'image qui s'en forme en nous prend un relief suffisant pour offrir un objet suffisant à notre foi. Nous ne pouvons donc pas entrer avec Dieu dans un rapport réel pour notre âme, sans éprouver, avec une force proportionnelle à l'intensité de notre émotion, combien il s'en faut que ce rapport soit ce qu'il devrait être, combien il s'en faut que nous soyons dignes de nous présenter à lui, et capables de nous unir vraiment à lui. Mais, sentir ces choses en présence de Dieu, si ce mot *présence* n'est pas un vain mot, c'est l'implorer, c'est le supplier de nous rendre tels qu'à notre jugement nous devrions être, tels que nous pensons qu'il nous veut. Si la religion n'est pas une direction de la méditation spéculative, une forme de la rêverie, bref un exercice de l'intelligence, si la religion est une fonction *sui generis* de l'âme humaine, c'est un rapport entre des volontés, entre des vies. La religion se

(1) JULES SIMON. — *loc. cit.*

concentre dans la prière, elle se confond avec la prière. Il
est impossible et contradictoire d'imaginer une activité religieuse où nous ne demanderions pas à Dieu le pardon de
nos fautes et la purification de notre cœur ; car la religion
consiste à s'unir à Dieu, et le pardon, la purification ne
se distinguent point de cette union même. Adorer sans
prier serait donc ou se voir autre qu'on n'est, supposer un
rapport qui n'existe pas, ou vouloir et ne vouloir pas la
même chose (1). »

(1) SECRÉTAN. — *Le principe de la morale*, v. 341-2.

CHAPITRE IV

1. *Illusion bienfaisante et disposition raisonnable ?* — Mais ce recours à Dieu, dont on vient de nous décrire avec tant de charme la bienfaisante influence, est-il véritablement *efficace ?* Celui qui prie, est-il non seulement assuré de se faire du bien à lui-même, mais encore autorisé à croire qu'il obtiendra de Dieu l'objet de sa requête ? En d'autres termes, la foi qui fait prier est-elle une disposition raisonnable ou simplement une illusion salutaire ? « Croire, dit Kant, qu'on va obtenir ce qu'on demande n'est qu'une illusion, à la vérité, mais une illusion qui suffit à calmer la douleur, et à affermir le courage, une *illusion bienfaisante* qui fait entendre à l'homme trop souvent penché vers la terre, le *sursum corda* qui l'entraîne au ciel. Telles sont les suites possibles, naturelles, subjectives et psychologiques de la prière. » — « Si l'on pouvait, écrit J. Simon, se représenter Dieu comme un père incessamment occupé du bonheur de chacun de ses enfants, jouissant de leurs joies et souffrant de leurs peines, attentif à leurs besoins de chaque jour, et modifiant, pour y pourvoir, les lois générales, capable même de se laisser émouvoir par une prière plus fervente et d'accorder à une sollicitation persévérante un don qu'il était dans ses desseins et dans sa sagesse de refuser, la prière serait à la fois possible, utile, efficace. Mais, dans ce tableau si touchant de la sollicitude divine beaucoup de traits sont en dehors de la vérité (1). »

(1) J. SIMON. — *La Religion naturelle.*

Sully-Prudhomme nous dit en vers :

> Je voudrais bien prier, je suis plein de soupirs,
> Ma cruelle raison veut que je les contienne (1).

Nous voilà dûment avertis, et en bon français cette fois : prier avec l'espérance qu'on sera exaucé, c'est se mettre et se tenir en dehors de la vérité ; c'est être le jouet d'une illusion dont notre naïveté fait la bienfaisance ; c'est avouer qu'on n'a pas la vigueur d'esprit et l'énergie de volonté suffisantes pour pouvoir se passer de l'excitation d'une espérance imaginaire ; c'est affirmer qu'on n'est pas parvenu à ce degré de science sereine et profonde qui rend aux esprits vraiment supérieurs toute prière impossible.

2. *Du calme et de la précision.* — Qu'ont-ils donc découvert, ces fiers génies, qui ait échappé jusqu'à ce jour à la perspicacité des Augustin, des Thomas d'Aquin, des Bossuet, des Pascal ? Où sont leurs raisons ? Que valent-elles ? Il faut le savoir une fois pour toutes. Pas de phrases, des choses ; pas de littérature, de l'algèbre.

L'argumentation des adversaires de l'efficacité et de la nécessité de la prière peut tenir tout entière dans un seul syllogisme. Le voici :

Pour que la prière proprement dite ou prière de demande fût véritablement obligatoire, il faudrait d'une part : que l'*homme* fût non seulement « besogneux », c'est-à-dire dépourvu de ce qui lui est indispensable, mais encore « nécessiteux » ; c'est-à-dire impuissant à se procurer par lui-même ce qui lui manque réellement ; et, d'autre part, il faudrait que *Dieu* eût, non seulement « la puissance », mais encore « la volonté » de lui venir en aide, et de plus « l'intention » de ne le faire que si on l'en prie.

Or l'homme a beau être « besogneux » — grands, très grands à la vérité sont ses besoins, et très nombreuses sont ses lacunes, tant au point de vue physique qu'au point de vue intellectuel et moral — l'homme a beau être « besogneux », en aucun cas il ne saurait être dit véritablement « nécessiteux ». Il a des muscles, une intelligence,

(1) Sully-Prudhomme. — *La Prière.*

une volonté ; qu'il en use ; qu'il en tire ce qu'ils peuvent aisément donner ; ce qu'il peut faire, qu'il le fasse : là est le devoir ; ce qu'il ne peut pas faire, qu'il le laisse : c'est pour lui l'impossible, et, à l'impossible, dit la sagesse populaire, nul n'est tenu.

Dieu, de son côté, ne « peut » manifestement pas tenir compte des désirs de l'homme : il lui faudrait, pour cela, à tout propos changer ses desseins et incessamment modifier son œuvre : le miracle remplacerait la loi ; le caprice, la volonté ; la confusion, l'ordre et la paix. Et d'ailleurs, Dieu eût-il, ce qui n'est pas, la faculté de se plier à nos désirs, qui nous assure qu'il le « voudrait » ? Dieu est si grand, si loin, et nous sommes si pauvres, si insignifiants, si petits ! Si enfin, par impossible, Dieu était assez puissant et assez bon pour exaucer nos requêtes, qu'est-ce qui nous donnerait l'assurance qu'il exige, avant de nous venir en aide, que nous lui exposions nos besoins ? Ne les connaît-il pas, avant nous et mieux que nous ?

Il est donc de toute évidence que la prière n'est pas nécessaire. Toutes les conditions, sans lesquelles la nécessité d'une demande proprement dite est un non-sens, manquent à la fois : celles qu'on exige du côté de l'homme aussi bien que celles qui sont requises du côté de Dieu.

3. *Définition rigoureuse.* — Nous n'avons, ce nous semble, rien laissé dans l'ombre de l'argumentation des rationalistes. L'argument qu'on vient de lire peut avoir le double avantage de préciser la difficulté et de faciliter la réponse. Si nous voulions la résumer en deux lignes, cette réponse, nous dirions que la majeure est inattaquable, et la mineure, suspecte à première vue et fausse après examen.

Que contient en effet, tout d'abord, la majeure de notre argument ? Une définition rigoureuse et mathématique des conditions essentielles de la prière obligatoire, rien de plus, rien de moins. Il faut donc l'accorder purement et simplement. Tout chrétien éclairé le fera de bonne grâce, et reconnaîtra sans hésiter que la prière ne peut en effet être obligatoire que si l'homme est, non seulement besogneux mais nécessiteux ; que si Dieu peut s'occuper de nos nécessités, veut le faire, et exige pour le vouloir d'en être prié.

C'est qu'en effet l'homme qui sollicite ce dont il n'a pas besoin est un *cupide* et un ambitieux, et celui qui attend de la générosité d'autrui une chose nécessaire qu'il lui est aisé de gagner ou de conquérir par son travail est un pusillanime et un *paresseux*. Si Dieu, de son côté, ne peut réellement pas tenir compte de la prière, celle-ci est *inutile ;* s'il ne le veut pas, elle est *importune ;* s'il ne l'exige pas pour accorder ce dont on a besoin, elle est *superflue*.

4. *Le moins qu'on puisse dire*. — Si donc les raisons données en preuve des affirmations de la mineure avaient quelque solidité, il faudrait convenir que la conclusion de nos adversaires, à savoir que la prière n'est pas nécessaire, est bien modérée. Si ces raisons en effet étaient vraies, ce ne serait pas seulement la nécessité, mais encore la simple *licéité* de la prière qui serait battue en brèche. S'il était vrai, comme on le prétend, que l'homme n'est jamais nécessiteux, non seulement il ne serait jamais permis de faire à qui que ce soit une obligation stricte de la prière, mais il pourrait être dangereux et même immoral, de trop vivement exhorter, surtout les faibles, à prier. Ne serait-ce pas, en effet, les habituer à se décharger sur autrui du soin de vouloir et d'agir pour eux ? Ne serait-ce pas comprimer en eux tout ressort et paralyser toute initiative ? Ne serait-ce pas substituer à une activité honorable et féconde, une mendicité énervante et stérile ? — Pareillement, s'il était vrai que la prière eût pour but d'obtenir de Dieu ce qu'il ne peut pas, ou ce qu'il ne veut pas nous donner, il est clair que non seulement elle ne serait pas obligatoire, mais qu'elle ne serait même tolérable que chez ceux qui ignorent l'impossibilité à laquelle ils se heurtent et l'importunité de leur recours à Dieu.

C'est ce qu'a voulu faire entendre Rousseau quand il a dit : « J'adore Dieu, je l'admire dans ses ouvrages, je m'attendris de ses bienfaits, je le bénis de ses dons, mais je ne le prie pas. Que lui demanderai-je ? qu'il changeât pour moi le cours des choses ? qu'il fît des miracles en ma faveur ? Moi qui dois aimer par-dessus tout l'ordre établi par sa sagesse et maintenu par sa providence, voudrais-je que cet ordre fût troublé pour moi ! Non, ce vœu téméraire mériterait d'être puni plutôt qu'exaucé (1). »

Toute la question est donc de savoir si les raisons alléguées par les ennemis de la prière, à l'appui de leur affirmation, ont quelque valeur. C'est ce que nous allons examiner avec soin.

(1) J.-J. ROUSSEAU. — L. IV. *Profession de foi du vicaire savoyard.*

CHAPITRE V

1. *La réponse du bon sens et de l'histoire.* — Et pourquoi donc Dieu ne pourrait-il pas s'occuper de nos besoins et tenir compte de nos désirs ? — Sage, d'une sagesse que rien n'égare, quel besoin pourrait échapper à sa vision lumineuse et sûre ? — Puissant, d'une puissance que rien n'arrête, de quelle misère est-il incapable de réaliser sans effort le soulagement légitime ? — Bon, d'une bonté que rien n'épuise, qui l'empêchera de prêter aux désirs qu'il approuve, l'oreille, le cœur et la main ?

L'humanité ne s'y trompe pas. « Seul, dit M. Guizot, entre tous les êtres ici-bas l'homme prie. Parmi ses instincts moraux, il n'y en a point de plus naturel, de plus universel, de plus invincible que la prière. L'enfant s'y porte avec une docilité empressée. Le vieillard s'y replie comme dans un refuge contre la décadence et l'isolement. La prière monte d'elle-même sur les lèvres qui balbutient à peine le nom de Dieu et sur les lèvres mourantes qui n'ont plus la force de le prononcer. Chez tous les peuples, célèbres ou obscurs, civilisés ou barbares, on rencontre à chaque pas des actes et des formules d'invocation. Partout où vivent des hommes, dans certaines circonstances, à certaines heures, sous l'empire de certaines impressions de l'âme, les yeux se lèvent, les mains se joignent, les genoux fléchissent, pour implorer ou pour rendre grâces, pour adorer ou pour apaiser. Avec transport ou avec accablement, publiquement ou dans le secret de son cœur, c'est à la prière que l'homme s'adresse, en dernier recours, pour combler le vide de son âme ou porter le fardeau de sa destinée ; c'est dans la prière qu'il cherche, quand tout lui manque, de l'appui pour sa faiblesse, de la consolation dans ses douleurs, de l'espérance pour sa vertu ! (1) »

Contre cette affirmation décisive, que valent les dénégations de quelques philosophes, et que pèsent les sophismes dont ils essaient laborieusement de les soutenir ?

2. *Premier sophisme.* — Dieu, disent-ils tout d'abord, pour exaucer nos désirs devrait incessamment modifier son œuvre et changer ses desseins. Si la prière est vraiment efficace, c'en est fait de l'immutabilité divine. « Dès qu'on réfléchit sur sa perfection (celle de Dieu), il devient impossible d'admettre qu'il puisse changer quelque chose à ce qu'il a voulu, et que ce changement puisse avoir pour cause les intercessions d'un être aussi frivole, aussi imprévoyant que l'homme. On a beau chercher une issue : si Dieu modifie sa volonté, il n'est pas immuable ; il n'est pas toujours égal et semblable à lui-même ; il tombe comme nous dans le mouvement et dans le temps, et l'infinité lui échappe. La résolution que Dieu avait formée était la meilleure qu'il pût prendre ; en se laissant aller à la changer, il fait moins bien ; il se diminue deux fois : en prenant une résolution mauvaise, et en la modifiant par faiblesse. Il faudrait, pour échapper à cette conséquence, supposer que c'est nous au contraire qui améliorons les desseins de Dieu, et qui l'éclairons sur le bien. Toutes ces hypothèses ne peuvent tenir ; on rougit de les exprimer ; on souffre en les entendant. Ce Dieu, si bon en apparence, n'est qu'un ouvrier imparfait dont l'œuvre a besoin à chaque instant d'être réparée, et qui nécessairement la répare mal, s'il écoute toutes nos prières insensées et contradictoires. En vain dira-t-on qu'il ne cède à nos prières que quand elles sont raisonnables ; c'est se payer de mots, car elles ne sont raisonnables que quand elles sont conformes à sa volonté, et cela revient à dire qu'il ne nous écoute jamais. Ainsi Dieu est immuable. Il ne modifie jamais ses desseins et nos prières ne peuvent le

(1) Guizot. — *L'Église et la société chrétienne en 1861*, p. 221.

détourner de son ordre. Nous nous trouvons entre deux vérités qui semblent se contredire : l'une, c'est que la prière est pour nous un devoir et un besoin ; l'autre, c'est que la prière est inutile, impuissante, impossible (1). »

3. *Vieillerie et fausseté.* — Non, Dieu ne change pas en exauçant nos prières ; car il a tout prévu, tout disposé, tout voulu, dans l'acte unique et éternel, par lequel il a réglé la marche de son œuvre dans le temps, assignant à chaque être en particulier la mesure exacte de collaboration qu'il attend de lui, déterminant avec rigueur la somme d'influence que doivent avoir sur l'évolution du monde les forces créées, les activités secondaires nécessaires ou libres, qui le constituent. A titre de force créée la prière fait partie de la trame vivante de l'œuvre divine, œuvre d'éternelle sagesse où rien ne se déplace, où rien ne se perd. Elle est donc, de toute éternité, prévue, voulue et classée dans le plan grandiose et définitif de la création. En prêtant l'oreille à notre prière, Dieu ne tombe donc pas « avec nous dans le temps », comme l'affirme sans preuve M. Jules Simon, il reste dans l'éternité immuable de sa sagesse et de sa puissance infinies : il n'interrompt pas « le cours des lois générales », il les réalise ; il ne modifie en rien « ses résolutions », il les exécute.

Et cette réponse n'est pas nouvelle. Ecoutons saint Thomas d'Aquin . « Non seulement, dit-il, la divine providence a déterminé à l'avance les effets qui devaient se produire ; elle a déterminé aussi l'ordre et les causes de leur provenance. Parmi ces causes figurent les actes humains. L'homme doit faire telle ou telle chose, non pour changer les dispositions prises par Dieu, mais pour que tels ou tels effets répondent à ses actes selon la disposition divine. Nous remarquons cet arrangement même dans les causes physiques. Lorsque nous prions, ce n'est donc pas pour changer les desseins de Dieu, mais pour demander ce qui doit, dans les desseins de Dieu, s'accomplir par nos prières. L'homme prie, le mot est de saint Grégoire, pour mériter de recevoir ce que le Tout Puissant a décrété, avant tous les siècles, de lui accorder (2).

(1) J. Simon. — *La Religion naturelle, loc. cit.*
(2) Saint Thomas, *Summa Theol.*, II-II, q. 83, a. 2. Ce que

4. *Après le Maître, le disciple.* — « Je vous l'ai dit, Messieurs, c'est le R. P. Monsabré qui parle, la loi n'est pas dans les choses, elle est dans la volonté du législateur. Or Dieu, le législateur universel, connaît ses œuvres du commencement à la fin et les gouverne avec force et suavité. Conséquemment à cette connaissance et à cette autorité, il a éternellement réglé les effets et les causes. Éternellement, il a déterminé ses bienfaits, éternellement aussi il a décrété que leur cause serait la prière. Éternellement il a dit dans son cœur paternel : à telle heure des siècles je féconderai les terres stériles ; à telle heure des siècles, je guérirai les malades et consolerai les affligés ; à telle heure des siècles, j'illuminerai les intelligences et affermirai la vertu dans les cœurs ; à telle heure des siècles, je sauverai les peuples de la mort ; à telle heure des siècles, je ferai des prodiges, je bouleverserai, s'il le faut, la nature et les âmes, parce que, à telle heure des siècles, mes enfants à genoux tendront vers moi des mains suppliantes et pénétreront par la prière dans les abîmes de ma bonté infinie. Éternellement, Dieu a dit cela, Messieurs, et c'est parce que cette éternelle parole s'accomplit tous les jours que l'on va accuser Dieu d'inconstance ! Mais c'est tout simplement absurde. Non, non, pour être bon et miséricordieux, Dieu ne cesse pas d'être immuable. La prière, loin de troubler l'économie de son gouvernement, n'est elle-même que l'accomplissement normal de ses desseins éternels (1). »

5. *Frayeur ridicule.* — Mais, continuent les rationalistes, si véritablement la prière est efficace, si Dieu accède à nos désirs, c'en est fait de toutes les lois, et le monde n'est plus gouverné qu'à coups de miracles, le caprice est souverain, et l'anarchie est partout. — Illusion, frayeur ridicule ! Fallût-il, pour que la prière eût son effet, que Dieu

---

dit exactement saint Grégoire, le voici : « Ea quæ sancti viri orando efficiunt, ita prædestinata sunt ut precibus obtineantur. Nam ipsa quoque perennis regni prædestinatio ita est ab omnipotenti deo disposita, ut ad hoc electi ex labore perveniant, quatenus postulando mereantur accipere quod eis omnipotens Deus ante sæcula disposuit donare. » *Dialog.* L. I, cap. VIII, Migne, t. 77, col. 188.

(1) *L. c.*, p. 142-3.

fît de vrais miracles, et modifiât, en faveur de celui qui l'invoque, le cours ordinaire des choses de ce monde, ce ne serait certes pas une raison suffisante pour nier son efficacité ; car Dieu peut certainement faire des miracles. De vrais miracles, en faveur de ceux qui prient, Dieu en a toujours fait, et, de nos jours encore, malgré les protestations des facultés savantes, il n'est pas inouï qu'un prodige éclatant soit la récompense divine d'une fervente prière. Cependant, hâtons-nous de le dire, le miracle n'est que l'exception. La prière, en effet, exerce le plus souvent son activité dans le sens de la loi. Il pleut : je demande du beau temps ; je suis malade : je demande de guérir. Le soleil luit, la santé revient. Est-ce un miracle ? Non. Le soleil devait se lever, la santé devait revenir. Ma prière, force morale, a très réellement secondé l'action naturelle des forces physiques, voilà tout. J'ai posé « tout simplement un acte moral éternellement prédestiné à concourir avec une cause physique qui doit produire naturellement son effet (1) ».

6. *Que la prière fait partie de l'ordre du monde.* — « Dieu n'a pas voulu, observe Mgr Bougaud, que l'homme fût l'esclave de la fatalité des lois de la nature. Il a mis dans ses mains des forces avec lesquelles il peut lutter contre cet empire odieux, et redevenir roi. Or, la prière est une de ces forces-là. C'est une puissance comme l'attraction, comme l'électricité. Il ne s'agit que de savoir la combiner avec les autres, et s'en servir pour les modifier ou les suspendre (2) ». — Si donc, dit excellemment Joseph de Maistre, un philosophe à la mode s'étonne de me voir employer la prière pour me préserver de la foudre, par exemple, je lui dirai : Et vous, Monsieur, pourquoi employez-vous des paratonnerres ? ou pour m'en tenir à quelque chose de plus commun, pourquoi employez-vous les pompes dans les incendies, et les remèdes dans les maladies ? Ne vous opposez-vous pas tout comme moi aux lois éternelles ? — « Oh ! c'est bien différent, me dira-t-on : car si c'est une loi, par exemple, que le feu brûle, c'en est une aussi que l'eau éteigne le feu. » — Et moi je répon-

____

(1) MONSABRÉ. — *L. c.*, p. 145.
(2) Mgr BOUGAUD. — *Le christian. et les temps présents*, t. V, p. 38.

drai : « C'est précisément ce que je dis de mon côté ; car si c'est une loi que la foudre produise tel ou tel ravage, c'en est une aussi que la prière répandue à temps sur le feu du ciel l'éteigne ou le détourne. Et soyez persuadés, Messieurs, qu'on ne me fera aucune objection dans la même supposition, que je ne rétorque avec avantage ; il n'y a point de milieu entre le fatalisme rigide, absolu, universel, et la foi commune des hommes sur l'efficacité de la prière (1). »

7. *Au même titre que toutes les causes secondes.* — « Trouvez-vous, dit encore le même écrivain, la moindre difficulté dans cette idée, que la prière est une cause seconde, et qu'il est impossible de faire contre elle une seule objection que vous ne puissiez faire de même contre la médecine, par exemple ? Ce malade doit mourir ou ne doit pas mourir ; donc il est inutile de prier pour lui ; et moi je dis : donc il est inutile de lui administrer des remèdes ; donc il n'y a point de médecine. Où est la différence, je vous prie ? Nous ne voulons pas faire attention que les causes secondes se combinent avec l'action supérieure. Ce malade mourra ou ne mourra pas : oui, sans doute, il mourra s'il ne prend pas de remèdes, et il ne mourra pas s'il en use : cette condition, s'il est permis de s'exprimer ainsi, fait portion du décret éternel. Dieu, sans doute, est le moteur universel, mais chaque être est mû suivant la nature qu'il en a reçue. Vous-mêmes, Messieurs, si vous vouliez amener à vous ce cheval que nous voyons là-bas dans la prairie, comment feriez-vous ? Vous le monteriez, ou vous l'amèneriez par la bride, et l'animal vous obéirait, suivant sa nature, quoiqu'il eût toute la force nécessaire pour vous résister et même pour vous tuer d'un coup de pied. Que s'il vous plaisait de faire venir à vous l'enfant que nous voyons jouer dans le jardin, vous l'appelleriez, ou, comme vous ignorez son nom, vous lui feriez quelque signe ; le plus intelligible pour lui serait sans doute de lui montrer ce biscuit, et l'enfant arriverait, suivant sa nature. Si vous aviez besoin enfin d'un livre de ma bibliothèque, vons iriez le chercher, et le livre suivrait votre

____

(1) Jos. DE MAISTRE. — *Les soirées de Saint-Pétersbourg*, 5° entretien.

main d'une manière purement passive, suivant sa nature.
C'est une image assez naturelle de l'action de Dieu sur les
créatures. Il meut les anges, les hommes, les animaux, la
matière brute, tous les êtres enfin ; mais chacun suivant
sa nature ; et l'homme ayant été créé libre, il est mû
librement ! Cette loi est véritablement la loi éternelle, et
c'est à elle qu'il faut croire ».

8. *Une lettre du grand Euler sur le présent sujet.* — C'est
toujours la même conclusion qui revient : en exauçant
nos prières, bien loin de modifier ses desseins, Dieu les
réalise ; au lieu de bouleverser son œuvre par des pous-
sées arbitraires et de la violenter par des coups d'Etat, il
la meut doucement et harmonieusement vers la pleine
réalisation des destinées qu'il lui a faites. Ecoutons une
fois encore la réponse du génie, au captieux sophisme qui
a de tout temps embarrassé les esprits médiocres et arrêté les volontés débiles. « Je vais entretenir votre Altesse,
— écrit le grand Euler, à une princesse allemande (1), —
sur une objection que presque tous les systèmes philosophiques fournissent contre la prière. La religion nous
prescrit ce devoir, avec l'assurance que Dieu exaucera nos
vœux et nos prières, pourvu qu'ils soient conformes aux
règles qu'il nous a données. D'un autre côté, la philosophie nous enseigne que tous les événements de ce monde
arrivent conformément au cours de la nature établi dès le
commencement, et que nos prières n'y sauraient occa-
sionner aucun changement, à moins qu'on ne veuille pré-
tendre que Dieu fasse des miracles continuels en faveur de
nos prières.

« Cette objection est d'autant plus forte que la révélation même nous assure que Dieu a établi le cours tout
entier de tous les événements dans le monde, et que rien
ne saurait arriver que Dieu ne l'ait prévu de toute éternité. Est-il donc croyable, dit-on, que Dieu veuille changer ce cours établi en faveur de toutes les prières que les
fidèles lui adressent ? C'est ainsi que les incrédules tâchent
de combattre notre confiance.

(2) EULER. — *Lettres à une princesse d'Allemagne sur divers su-
jets de physique et de physiologie,* édit. Emile Saisset, Paris, Char-
pentier, 1843, 1 vol. 2ᵉ partie, lettre XXII, p. 231-2 (3 janvier
1761).

« Mais je remarque d'abord que quand Dieu a établi le cours du monde et qu'il a arrangé tous les événements qui devaient y arriver, il a eu en même temps égard à toutes les circonstances qui accompagneraient chaque événement, et en particulier aux dispositions, aux vœux et aux prières de chaque être intelligent, et que l'arrangement de tous les événements a été mis parfaitement d'accord avec toutes les circonstances. Donc quand un fidèle adresse à présent à Dieu une prière digne d'être exaucée, il ne faut pas s'imaginer que cette prière ne parvient qu'à présent à la connaissance de Dieu. Il a déjà entendu cette prière depuis l'éternité ; et puisque ce père miséricordieux l'a jugée digne d'être exaucée, il a arrangé exprès le monde en faveur de cette prière, en sorte que l'accomplissement fût une suite du cours naturel des événements. C'est ainsi que Dieu exauce les prières des fidèles sans faire des miracles, quoiqu'il n'y ait aucune raison de nier que Dieu ait fait et fasse encore quelquefois de vrais miracles.

« Donc l'établissement du cours du monde une fois fixé, loin de rendre inutiles nos prières, comme les esprits forts le prétendent, il augmente plutôt notre confiance en nous apprenant cette vérité consolante, que toutes nos prières ont été déjà présentées dès le commencement au pied du trône du Tout-Puissant et qu'elles ont été placées dans le plan du monde, comme des motifs sur lesquels les événements devaient être réglés, conformément à la sagesse infinie du Créateur. »

CHAPITRE VI

SI RÉELLEMENT DIEU VEUT NOUS SECOURIR DANS NOS BESOINS

1. *Les pressentiments du cœur.* — Dieu peut donc exaucer mes prières : il le peut sans changer ses desseins ; il le peut sans bouleverser son œuvre. Mais le veut-il véritablement ? Rassuré sur son pouvoir, suis-je certain de son vouloir ? Inévitable question ; indispensable réponse. A quoi bon prier Dieu, s'il ne veut pas m'entendre ? Et de quel cœur le prierai-je si je ne suis certain que son cœur est à moi ?

Mais le moyen de le résoudre, cet obscur et troublant problème du vouloir divin ? Il s'agit d'un appel adressé par notre misère à la miséricorde et partant à la liberté infinies. Or, qui peut se flatter de connaître les libres décisions de la volonté souveraine ? Qui, si ce n'est Celui qui les a prises dans l'immuable détermination de sa prescience éternelle ?

Assurément, le secret du vouloir divin n'appartient qu'à Dieu. Et cependant ce secret du conseil éternel, mon cœur ne peut-il pas le pressentir, tout au moins ? Que d'hommes, avant nous, ont entrepris de s'en rendre compte ! Et s'il avait plu à Dieu lui-même de nous le révéler pour sa gloire et pour notre bien !

Si Dieu est, comme je le crois, comme je le sais, l'auteur de tout mon être ; s'il est mon créateur, mon bienfaiteur et mon père, pourrait-il ne pas s'incliner avec amour vers ma faiblesse, ne pas prêter une oreille attentive au cri de ma faiblesse, ne pas montrer un cœur compatissant à l'appel de mon indigence? Ainsi pense mon cœur, d'accord avec ma raison, d'accord avec ma foi, ainsi raisonne avec moi l'humanité tout entière. Voyez-la plutôt : celle d'aujourd'hui comme celle d'hier. Avec une confiance invincible, une persévérance infatigable, un ensemble majestueux, elle s'incline devant Dieu, s'agenouille, tend la main, supplie. De toutes les heures de la durée, de tous les points de l'espace, s'élèvent vers le ciel des supplications, tantôt délicates et douces comme le cri du nouveau-né demandant sa mère ; tantôt calmes et fortes comme l'appel du travailleur à l'aide de ses camarades ; tantôt ardentes et émues comme la plainte du malade réclamant un médecin ; tantôt enfin affolées et lugubres comme la clameur qui s'élève du champ de bataille ou sort du sein de la tempête ; concert sublime, qui jamais ne se tait ; hommage solennel rendu à la puissance et à la bonté de celui en qui la race humaine a toujours salué son maître et son bienfaiteur. Oui, de tout temps et partout, les hommes ont prié.

2. *Les leçons de l'histoire.* — « Aux meilleures époques des peuples classiques, la prière occupait une place importante dans la vie tant publique que privée. Elle était inséparable, non seulement des cérémonies religieuses, mais de tous les actes importants et même de toutes les actions journalières et communes. De là vient que la langue grecque et la langue latine sont si riches en expressions pour signifier la prière. Chez les Grecs, toutes les réunions publiques, toutes les campagnes, tous les combats, tous les jeux, jusqu'à ceux du théâtre, s'ouvraient par la prière. Xénophon dit : « Au commencement des repas, c'est le devoir de tout homme sage de louer Dieu, de lui rendre des actions de grâces avec un cœur pur, et de le prier de nous accorder la force qui nous est nécessaire pour faire le bien (1). » — Nous trouvons pareillement la pratique de la prière mêlée à tous les exercices de la vie privée et publique chez les Romains. Valère Maxime nous apprend de Scipion l'Africain, que jamais il n'entreprit quoi que ce soit d'important sans avoir prié quelque temps dans la

---

(1) XÉNOPHON. — *Fragm.* XXI, 13, dans *Athénée*, XI, 7.

chapelle de Jupiter *stator urbis et imperii*. — Avec l'oubli et la désuétude de la prière marche parallèlement, chez ces deux peuples, la décadence politique et morale. « Ce qu'un homme vertueux peut faire de mieux pour le bonheur de sa vie », dit Platon (1), « c'est de se mettre en rapport continuel avec les dieux par des prières et des vœux ; tous ceux qui agissent avec réflexion doivent, au commencement de toute entreprise, de la moindre comme de la plus grande, invoquer Dieu avant tout (2). »

« Lorsque, dans ma première jeunesse sacerdotale, écrit Mgr Baunard, j'enseignais les humanités, j'avais coutume de dire à mes jeunes humanistes, qu'il y a dans le langage et l'emploi qu'on en fait trois degrés qui se superposent hiérarchiquement. Il y a *parler*, de là est sortie l'éloquence ; il y a *chanter*, de là sont sortis la poésie et les arts ; enfin il y a *prier*, et je leur faisais entendre sur les lèvres de l'humanité de tous les âges cette voix de la prière, qui est à la fois la plus haute éloquence, puisqu'elle s'adresse au Très-Haut, et la plus belle poésie, car elle donne une voix à la nature tout entière... Regardez, leur disais-je : les plus beaux monuments du monde sont consacrés à la prière, depuis le Parthénon jusqu'à nos cathédrales. Les plus beaux chants du monde sont des prières, depuis les hymnes orphiques jusqu'au *gloria in excelsis*. Les plus grands personnages de l'humanité sont les ministres de la prière, depuis les grands prêtres Melchisédech et Aaron jusqu'à Pie IX et Léon XIII. Les plus belles solennités de la vie des peuples sont des fêtes et des assemblées pour la prière, depuis les sacrifices antiques jusqu'à notre Pâque et nos fêtes chrétiennes. J'ajoute que les heures les plus graves de la vie privée sont des heures de prière ; heures de souffrance, heures de péril, heures de séparation et d'adieu. Regardez, vous dis-je : la prière marche à la tête de tous les peuples et de tous les temps, le front levé vers le ciel (3). »

3. *La révélation de l'Evangile.* — Et maintenant ouvrons l'Evangile. Ce que notre cœur pressent, ce que l'humanité

____

(1) Platon. — *Des Lois*, IV, *Tim.*
(2) Franz Hettinger. — *Op. cit.*, p. 394-5.
(3) Mgr Baunard. — *Le Collège chrétien*, t. II, p. 186-7.

proclame, Jésus va nous le dire. Il le connaît, lui, le grand secret de l'amour divin. Il est le Fils Unique, le confident éternel et l'exécuteur tout puissant des desseins de la miséricorde infinie.

Dieu veut-il entendre notre prière ? Mais regardez donc son Fils fait homme. Sa vie, sur la terre, est-elle autre chose qu'une supplication ininterrompue ? Le premier battement de son cœur est un appel à la pitié du souverain juge (1), son dernier cri sur la croix, l'effort suprême de son âme suppliante (2). Ouvrier silencieux dans l'atelier de Nazareth, il prie ; divin semeur de la parole et de la grâce dans les campagnes de la Galilée, nuit et jour, il prie (3) ; victime volontaire pour le salut du monde à Gethsémani et sur le Calvaire, il prie (4) ; vainqueur immortel de tout mal dans le ciel, il prie, il prie toujours (5). Il est, on peut le dire, la prière même.

Dieu veut-il entendre notre prière ? Ecoutons les enseignements de celui dont l'exemple a déjà si divinement résolu le problème du vouloir divin. « C'est moi qui vous l'assure ; demandez et vous recevrez, frappez à la porte et l'on vous ouvrira ; car qui cherche trouve et l'on ouvre à qui frappe (6). » Se peut-il rien de plus clair que ces paroles ? Jésus toutefois a paru craindre qu'elles ne fussent pas assez comprises. Il connaît notre cœur défiant ; il sait que l'homme hésite à se livrer. Alors il a recours aux images les plus saisissantes, aux comparaisons les plus familières ; il compose des paraboles d'un réalisme surprenant. Il ne veut pas qu'une seule intelligence, fût-ce la plus inculte, demeure fermée à la leçon de la prière. Ecoutez la suite de son enseignement : « Quel est l'homme parmi vous à qui son fils demandera du pain et qui lui tendra une pierre ? Et si c'est du poisson que son fils lui demande, lui donnera-t-il un serpent ? Ou, si le fils a besoin d'un œuf, le père lui offrira-t-il un scorpion ? Si

(1) *Hebr.*, X, 7.
(2) *Hebr.*, v, 7.
(3) *Luc*, vi, 12.
(4) *Luc*, xxii, 43.
(5) *Hebr.* vii, 25.
(6) *Luc*, xi, 9, 10.

donc vous, dont le cœur n'est pas bon, vous savez cependant donner à vos enfants ce qui est bon, combien plus sûrement votre Père des cieux donnera-t-il son esprit de bonté à ceux qui le lui demandent ? (1) »

En faut-il davantage ? Le révélateur de la prière ne reculera pas devant une assimilation plus étrange. Tout à l'heure il se comparait à un père plein de tendresse ; maintenant il va se comparer à un ami d'abord égoïste, puis vaincu par les instances de celui qui le sollicite. Un homme, le soir venu, a clos la porte de sa demeure, il s'est enfermé avec ses enfants pour prendre son repos. Un voisin vient frapper à sa porte ; j'ai un hôte à héberger, lui dit-il, et je n'ai rien à lui donner ; prêtez-moi trois pains. Et l'ami refuse de se lever ; il crie du dedans qu'il ne veut rien faire. Cependant le voisin persiste à frapper, à implorer ; et si ce n'est pas par amitié, du moins pour se débarrasser de ses importunités, l'homme se lèvera et lui donnera tout ce qu'il lui faut (2).

4. *Plus d'hésitation.* — « En vérité, en vérité, je vous le dis, tout ce que vous demanderez à mon père en mon nom, il vous le donnera ; jusqu'à présent vous n'avez rien demandé en mon nom ; demandez et vous recevrez pour que votre joie soit pleine » (3). Serait-il encore possible, après de semblables paroles, de douter de l'efficacité de la prière ? Non, douter que Dieu *veuille* exaucer nos demandes, c'est, quand on est simplement philosophe, méconnaître l'amour infini et faire fi des leçons de l'histoire ; c'est, quand on est chrétien, renier le Sauveur, son œuvre et sa parole.

« On ne peut supposer », dit Sénèque, « que toute l'humanité se fût égarée au point d'invoquer partout la divinité, si elle n'avait la certitude que la divinité accorde de grands bienfaits, et en temps convenable, à ceux qui la prient (4) ».

« Devant un tel concert des siècles et des races, s'écrie le savant conférencier déjà cité, que pèsent, Messieurs, les

(1) *Luc*, XI, 11-14.
(2) *Luc*, XI, 5-9.
(3) *Joan.*, XVI, 23-24.
(4) SÉNÈQUE. — *De Beneficio*, IV, 4.

arguties des sophistes ? On peut dire de la prière, ce que saint Paul a dit de l'espérance, qui en est l'inspiratrice : elle est une ancre jetée à travers la mouvante profondeur des choses changeantes, dans la solidité de l'être absolu. Que diriez-vous d'un marin, qui s'estimerait obligé de descendre lui-même au fond de la mer pour l'explorer, avant d'y lancer l'ancre protectrice ? Philosophes qui refusez de prier avant d'avoir vérifié par vos yeux le point d'attache de votre prière à la bonté divine, vous ressemblez à cet insensé. Et la masse humaine qui confie sa prière à l'abîme obscur du mystère ressemble au sage pilote, comme lui elle est récompensée de sa confiance quand elle sent le câble se raidir, attestant que l'ancre a mordu dans ce fond divin qui communique à nos pensées flottantes quelque chose de la consistance éternelle (1). »

(1) Mgr d'Hulst. — *Conférences,* 1893, 3e confér.

CHAPITRE VII

SI, AVANT DE NOUS SECOURIR, DIEU ATTEND L'AVEU DE
NOTRE INDIGENCE

1. *Demandez et vous recevrez.* — Nous voilà dûment avertis. Celui-là même qui peut seul et qui veut, nous le savons maintenant, subvenir à notre misère, nous dit clairement qu'il ne le fera, du moins habituellement, que si nous l'en prions. Nous recevrons, il nous en donne l'assurance la plus formelle ; mais à une condition, c'est que nous demanderons : « Demandez et vous recevrez. » Sans doute Dieu se réserve le droit de nous donner la grâce comme il nous a donné l'être par pure prévenance, et ses bienfaits ne se comptent pas que rien de notre part ne prépare, sa bonté lui faisant un besoin de devancer non seulement nos mérites mais nos désirs : et cependant il souhaite, il attend, il exige que l'homme lui dise sa misère. « Il faut, dit Jésus-Christ, toujours prier et ne se lasser jamais (1). » — « Veillez, dit-il encore, priez, afin que vous n'entriez point en tentation ; à la vérité l'esprit est prompt, mais la chair est faible (2) »

« Soyez, écrit saint Paul aux Romains, persévérants dans la prière (3). » Et aux Ephésiens : « Prenez donc les armes de Dieu, afin de pouvoir résister au jour du danger ; et, de tout point combattants parfaits, restez fermes et de-

(1) S. *Luc* VIII, 1.
(2) S. *Matth.*, XXVI, 41.
(3) *Romains*, XII, 12.

bout... Portez le casque du salut et le glaive de l'Esprit, c'est-à-dire la parole de Dieu. De plus, défendez-vous par toutes sortes de prières, de supplications, invoquant Dieu en tout temps et du fond du cœur; et, ainsi disposés, veillez, insistez de toute façon, et priez ardemment pour tous les fidèles et pour moi, afin que Dieu ouvre mes lèvres, inspire ma parole et me donne de prêcher avec liberté le mystère de l'Evangile (1). » Et aux Colossiens : « Persévérez instamment dans la prière, passez vos veilles à prier et à rendre grâce (2). » Et aux Thessaloniciens : « Sans interruption priez. En toutes circonstance rendez grâces en union avec Jésus-Christ. » (3) Tant il est certain, aux yeux de la foi, que Dieu exige habituellement de ceux qu'il veut secourir l'hommage de la prière. Et c'est de sa part justice, miséricorde et sagesse.

2. *Justice, miséricorde et sagesse*. — Il a tout et nous n'avons rien : Nos biens, notre vie, notre être, tout est entre ses mains. Nous obliger à le reconnaître par la prière, qu'est-ce autre chose, en définitive, que nous faire constater une vérité élémentaire, que nous forcer à remplir un devoir de stricte justice ?

D'instinct, pour ainsi dire, le faible cherche le fort : l'enfant s'attache à son père, le pauvre tend la main au riche, le petit vient frapper à la porte du grand. En nous obligeant à prier, Dieu n'a-t-il pas surtout voulu nous rappeler qu'il est de tous les pères le plus tendre, de tous les riches le plus libéral, de tous les grands le plus accessible, et donner ainsi, par pure miséricorde, pleine et entière satisfaction aux aspirations de notre cœur d'enfants, de pauvres et de petits ?

L'expérience, enfin, prouve tous les jours que le moyen le plus sûr de nous faire oublier, même de nos amis, est de les mettre en situation de pouvoir se passer de nous. On dirait que l'homme n'apprécie que le bien qu'on lui fait attendre. Volontiers il se persuade que son seul mérite est la cause de l'empressement qu'on met à le secourir. Un bienfaiteur trop généreux n'est bientôt plus à ses yeux qu'un créancier fidèle : s'il lui a tout donné, c'est qu'il lui

(1) *Ephésiens*, vi, 18-20.
(2) *Colossiens*, iv, 2.
(3) I *Thessalon.*, v, 17-18.

devait tout. Ainsi raisonne notre égoïste et froide nature.

3 *Eloquents témoignages.* — « Dieu a donc fait sagement, dit le R. P. Monsabré, d'éperonner notre âme et notre corps par des besoins sans cesse renaissants, et de nous imposer l'obligation de recourir à sa libéralité. Ainsi il prévient plus d'un oubli funeste ; ainsi il nous met dans la nécessité de reconnaître son souverain domaine et de confesser notre dépendance, ainsi il pousse à l'accomplissement des devoirs fondamentaux de notre vie religieuse ; car, demander à Dieu, c'est déjà l'adorer et préparer dans son cœur la reconnaissance. »

« Créature indigente, s'écrie Mgr D'Hulst, écoute et regarde. Ton créateur veut te secourir. Jette vers lui l'invocation de ta misère. Il te répondra par des bienfaits. Sans doute il n'a pas besoin que tu l'avertisses ; mais tu as besoin, toi, de penser à lui. Tu en as besoin parce qu'il se cache, et que c'est ta loi de le chercher. Quand, par la prière légitimement intéressée, ta pensée aura une fois appris le chemin du ciel, elle reprendra, sous des inspirations plus hautes, le sublime voyage. Après avoir demandé la santé ou le bien-être, tu demanderas la vertu. Après avoir placé sous la protection du Tout-Puissant ta récolte ou ton troupeau, tu confieras à sa garde des trésors meilleurs, ton honneur, ta dignité, ta foi, ton amour.

« Beaux esprits, esprits superbes, raillez tant qu'il vous plaira la naïveté des simples qui vont porter au pied des autels d'innocents et légitimes désirs. Vous auriez grand besoin d'apprendre à leur école des leçons de morale pure et fière que votre orgueil ne vous a pas enseignées. Oui, cette pauvre femme du peuple ira faire brûler un cierge devant l'image de la plus sainte des mères ; elle répandra toute son âme avec ses larmes pour obtenir la guérison de son enfant. Vous êtes trop philosophe pour croire que Dieu mette au service de cette pauvre suppliante le pouvoir qu'il exerce sur la nature. Mais êtes-vous assez philosophe pour savoir porter comme elle le poids de la pauvreté et celui de la douleur ? Parce qu'elle prie, vous la traitez d'âme mercenaire et vous ne voulez point voir que c'est la prière qui la relève, qui l'affranchit de la servitude des sens et la transporte à des hauteurs morales où votre stoïcisme n'atteindra jamais qu'en paroles ».

CHAPITRE VIII

DU CARACTÈRE OBLIGATOIRE DE LA PRIÈRE DE DEMANDE

1. *Aux yeux de la foi.* — Pour nous, chrétiens, la chose est claire. Deux dogmes fondamentaux, celui de l'élévation de la nature humaine à une fin surnaturelle en la personne du premier homme, et celui de la déchéance de cette même nature par suite de la chute malheureuse du premier représentant de l'humanité, nous obligent à confesser notre radicale impuissance à réaliser seuls, sans le secours de la grâce divine, nos destinées obligatoires, à nous proclamer par conséquent non seulement besogneux à un degré difficile à décrire, mais nécessiteux absolument.

Nos vraies destinées, il faut le croire, sont plus haut et plus loin que ne peut aller, en s'épuisant, notre naturelle vertu. En plaçant hors de notre atteinte le but sublime de nos efforts, Dieu avait libéralement pourvu aux moyens, pour chacun de nous, de tenter l'impossible et de le réaliser.

Le crime du premier homme ne change rien à nos destinées éternelles ; après comme avant la chute, Dieu surnaturellement connu, aimé, servi, possédé, demeure la fin suprême de notre vie et de notre être ; le malheur de la déchéance originelle est que nous naissons impuissants à nous orienter vers ce terme nécessaire autant que sublime ; obligés d'y tendre en exécution d'un dessein immuable de la divine sagesse et privés en expiation de la malice humaine des moyens indispensables pour y parvenir ; appelés à régner et réduits à l'indigence ; non seulement pauvres et nus mais dépouillés et ruinés. Grande donc est notre misère, extrême notre nécessité. Combien radicale et universelle est, en ce triste état, notre dépendance pour tout bien, vis-à-vis de Dieu, Jésus l'a dit d'un mot dont la clarté rend superflu tout commentaire : « Sans moi, vous ne pouvez rien faire (1) ». De quelle importance est pour nous l'intervention de la grâce divine, lorsqu'il s'agit d'épargner à notre âme l'humiliation et le malheur d'une défaillance morale, le même Sauveur l'insinue très clairement, lorsqu'il dit à ses apôtres : « Veillez et priez, afin que vous n'entriez point en tentation ; à la vérité, l'esprit est prompt, mais la chair est faible (2). »

2. *Nécessité de salut.* — Or, cette grâce indispensable et ce nécessaire secours, règle générale, Dieu ne l'accorde, et surtout ne le continue, que si on l'en prie : il attend, il veut, il exige, pour nous protéger, nous bénir et nous sauver, l'hommage de la prière. De là pour la conscience chrétienne, au nom de la foi, l'impérieux devoir de prier,

« La prière, dit Mgr d'Hulst, résumant sur cette grave question l'enseignement de la foi chrétienne, la prière est une nécessité de salut. Car, l'homme ne peut rien faire dans l'ordre du salut, sans la grâce ; et, bien que Dieu se réserve le droit de nous donner la grâce par pure prévenance, il ne s'est pas engagé à nous continuer son secours si nous omettons de le lui demander.

« Voyez cette âme aux prises avec une tentation qui la domine, avec une habitude de péché qui la tyrannise. Elle se plaint d'être mise à une épreuve qui dépasse ses forces, et de fait, la force lui manque. Ce qui ne lui manque pas, c'est la grâce de prière pour solliciter la divine assistance. Mais cette grâce, elle la néglige, elle ne prie pas, et voilà pourquoi elle est vaincue.

« Cette nécessité de la prière nous suit dans toutes les phases de notre vie morale ; nous la retrouvons une dernière fois plus pressante, plus impérieuse que jamais, en cet instant décisif où notre sort éternel dépend d'une grâce suprême, impossible à mériter, la persévérance finale. C'est l'enseignement de la foi, qu'aucune vertu acquise, aucune accumulation de bonnes œuvres, aucun titre de mérite antérieur, ne nous donnent un droit rigou-

_____

(1) *Jean*, xv, 5.
(2) *Matth.*, xxvi, 41.

reux à cette grâce suprême qui doit nous introduire dans
l'éternelle vie. C'est le rôle propre de la prière d'attirer
sur nous ce bienfait sans égal. Autant donc nous sommes
obligés de tendre à notre fin, autant sommes-nous tenus
de prendre cet unique moyen d'y parvenir, et c'est le
dernier trait qui achève de rendre sensible à nos yeux la
souveraine nécessité de la prière. On peut dire en toute
vérité, qu'elle est le moyen de salut par excellence, car
aucun autre ne la remplace, et elle peut, au besoin,
suppléer tous les autres (1). »

3. *Au tribunal de la raison.* — Dans notre réponse aux
difficultés soulevées par les incroyants contre la nécessité
de la prière nous avons souvent invoqué le témoignage de
l'Evangile ; sciemment nous avons dirigé sur cette obscure
question les lumières unies de la raison et de la foi.
Pourquoi cette intervention de la théologie dans une
question philosophique ? Est-ce simplement pour donner
aux chrétiens la joie de voir plus clair, ou pour fournir
aux incroyants le moyen de sortir de leurs naturelles
ténèbres que nous avons, à plusieurs reprises, allégué
l'autorité de l'Eglise et cité les théologiens ? En d'autres
termes, est-il non seulement utile mais indispensable de
faire intervenir l'Evangile et l'Eglise pour éclairer d'un
jour suffisant le difficile problème de la nécessité de la
prière de demande ?

La question vaut d'être examinée de très près. Les
points d'inquiétude, les points d'interrogation restent
présents à tous les esprits : Dieu peut-il s'occuper des
désirs de l'homme ? S'il le peut, le veut-il ? S'il le veut
véritablement, attendra-t-il pour le faire que l'homme
l'en prie ? Celui-ci, d'ailleurs, malgré ses nombreux
besoins, est-il véritablement nécessiteux ? — Est-il possible,
oui ou non, sur tous ces points, d'obtenir de la seule
raison une réponse décisive ? Si oui, on peut espérer
imposer la prière à un philosophe ; si non, il faut renoncer
à cette espérance avant de lui avoir démontré la vérité du
christianisme.

4. *Points lumineux.* — Or, à deux tout au moins des
questions qu'on vient de lire, la raison semble fournir,
seule, à qui la consulte loyalement, une réponse sans

(1) *Conf. de N.-D.*, 1893, 3ᵉ conf.

réplique. Dieu peut sûrement nous venir en aide : sa sagesse l'y autorise, et sa puissance le lui rend aisé. Sur ce point, nul doute possible. — Mais Dieu veut aussi nous venir en aide : il est père, il aime, il a pitié, tous les hommes ont cru au bon vouloir divin. Si, sur ce second point, l'évidence est moindre, n'est-ce pas encore la certitude morale ?

Et dès lors ne doit-il pas être clair pour tous que la prière est utile, non seulement en ce sens qu'elle élève, qu'elle console, qu'elle soutient, qu'elle encourage et rend meilleurs ceux qui ont le bonheur d'y recourir avec foi et persévérance ; mais encore en ce sens qu'elle peut déterminer Dieu à nous accorder l'objet de notre requête, à nous aider, à nous bénir ; et donc qu'elle est efficace ?

C'est donc moins encore un acte de foi qu'un acte de raison que faisaient Donoso Cortès et Louis Veuillot quand ils écrivaient : « Je crois que ceux qui prient font plus pour le monde que ceux qui combattent ; et que si le monde va de mal en pis, c'est qu'il y a plus de batailles que de prières. Si nous pouvions pénétrer dans les secrets de Dieu et de l'Histoire, je tiens pour certain que nous serions saisis d'admiration devant les prodigieux effets de la prière, même dans les choses humaines. Pour que la société soit en repos, il faut qu'il y ait un certain équilibre que Dieu seul connaît, entre les prières et les actions, entre la vie contemplative et la vie active. Je crois, tant ma conviction sur ce point est forte, que s'il y avait une seule heure d'un seul jour où la terre n'envoyât aucune prière au ciel, ce jour et cette heure seraient le dernier jour et la dernière heure de l'univers (1). »

« Il faut reconnaître que la sagesse de Dieu n'est point la nôtre, il ne voit pas notre bien où nous le voyons. C'est lui qui voit bien. J'apprends cela de ma petite fille. Que de choses elle me demande parce qu'elle les juge bonnes, tandis que moi, malgré ses pleurs et ma tendresse, plus forte encore que ses désirs, je les lui refuse parce que ces choses lui seraient mauvaises. Nous sommes plus enfants et plus insensés devant Dieu que nos enfants ne le sont devant nous. Il nous aime infiniment plus que nous ne

____

(1) Donoso Cortès. — *Correspondance*, t. II, p. 124.

pouvons aimer ces petites créatures. Nous ne leur avons donné que le corps ; il nous a donné le corps et l'âme (1). «

5. *Points obscurs.* — Quant à la troisième et à la quatrième question, la réponse de la raison éclairée et sincère ne laisse pas que d'être hésitante.

Que Dieu ait le dessein arrêté de n'accorder généralement ses faveurs qu'à ceux qui les lui demandent, le saurions-nous avec certitude, si lui-même ne nous l'avait dit ? — Que l'homme ait été, de fait, élevé à l'ordre surnaturel et qu'une chute désastreuse l'ait mis dans l'impuisssnce absolue d'atteindre, sans le secours de la grâce, ses glorieuses destinées toujours obligatoires, sommes-nous en état de l'établir solidement, sans recourir à la révélation ? Ah ! sans doute, il est aisé, même en ne consultant que la raison, de saisir la convenance du décret divin réglant que l'octroi d'une grâce sera précédé de l'hommage d'une prière ; mais, ce décret, est-il nécessaire, et Dieu ne pourrait-il pas agir autrement sans blesser ni sa justice, ni sa sagesse ? Sans doute encore, l'étude attentive de la conscience et de l'histoire suffirait à rendre vraisemblable le fait de la déchéance originelle ; mais, ce fait, est-il réellement la seule explication des étonnants contrastes de notre pauvre nature ? Et cependant, si ce décret n'est pas absolument incontestable, l'obligation à la prière, qui s'en déduit logiquement, ne demeure-t-elle pas incertaine et obscure ?

Utile, à qui a le bonheur de croire à son efficacité, la prière l'est partout et toujours, l'expérience suffirait seule à nous en convaincre. Efficace, pour qui sait la faire dans les conditions voulues, la prière peut l'être, la raison le prouve solidement. Obligatoire, au sens strict du mot, la prière l'est-elle aux yeux de la raison ? C'est probable, c'est très vraisemblable. Est-ce certain ? Est-ce évident ?

6. *D'où viendra la pleine lumière ?* — Comment dissiper cette dernière incertitude ? Pour en atténuer tout au moins la redoutable influence, ne suffira-t-il pas presque toujours de faire remarquer au philosophe ébranlé par les considérations qui précèdent, que refuser obstinément de prier, sous prétexte que la nécessité de la prière n'est pas,

____

(1) L. **Veuillot.** — *Correspondance*, t. IV, p. 148.

ou ne paraît pas absolument évidente, serait, de sa part,
un acte déraisonnable et fort dangereux ? Le fait de la
déchéance originelle, il en convient, est possible ; il est
même, ce n'est pas douteux, rendu très vraisemblable par
les témoignages de l'histoire et de la conscience, et, dès
lors, l'absolue nécessité de la prière, conséquence nécessaire de la déchéance originelle, devient, elle aussi, très
vraisemblable. Il serait donc, à première vue, et plus sage
et plus *raisonnable* de prier. Mais allons plus loin. Prier
n'est pas seulement une convenance : ne pas prier, dans
l'hypothèse chrétienne, c'est nécessairement courir à une
réprobation éternelle. Or, l'hypothèse chrétienne, même
antérieurement à tout examen approfondi de la question,
a toutes les chances d'être vraie. Ce qu'il soutient, concer-
nant la nécessité de la prière, le chrétien l'appuie sur les
témoignages explicites de Dieu, de l'humanité et de la
conscience. Le rationaliste, lui, n'apporte, dans ce
solennel débat, qu'une dénégation que rien n'appuie, et
qu'une protestation dont le principal mobile est toujours
l'orgueil. Il est donc non seulement convenable mais
nécessaire de prier, au moins *conditionnellement*, et de
demander humblement à Dieu, au moins la lumière qui
permet de voir clair, et la grâce qui permet de suivre cou-
rageusement la vérité connue.

Au rationaliste qu'il aura ainsi décidé à la prière,
conditionnellement mais d'un cœur sincère, l'apologiste
peut offrir de faire la preuve que l'hypothèse chrétienne
est une vérité. Il établira, au nom de la raison et de
l'histoire, le fait de la Révélation. La preuve de la divinité
de la religion chrétienne achevée, il fera lire à notre philosophe devenu chrétien par l'intelligence, l'affirmation
si souvent répétée dans nos saints Livres de la déchéance
originelle, du désir que Dieu a de nous relever, et de la
subordination habituelle de la grâce qui nous relève à la
prière qui l'appelle en nous.

Alors seulement peut-être, mais alors sûrement, le rationaliste vaincu sera contraint par l'évidence d'avouer
que la prière est absolument nécessaire, et, s'il a quelque
sincérité, il tombera à genoux pour conjurer Dieu de l'élever jusqu'à lui en le faisant chrétien par le don de sa
grâce et la communication de sa vie.

CHAPITRE IX

LA SCIENCE ET LA PRIÈRE

1. *C'est à l'Église de la donner.* — C'est au chrétien d'y passer maître. Dans toute demande il y a lieu de considérer : celui qui la fait, ou le suppliant ; celui qui la reçoit, ou le destinataire ; ce sur quoi elle porte ou l'objet même de la prière ; la formule qui l'exprime, ou la requête proprement dite ; celui enfin pour qui on la fait, ou le bénéficiaire de l'impétration. On n'a la science de la prière que dans la mesure où on possède sur tous ces points une doctrine sûre, pleine, pratique et claire. Heureux le chrétien instruit et fidèle ! Pour bien prier, que lui manque-t-il ?

2. *Psychologie du suppliant.* — On lui a dit sous toutes les formes qu'il faut à l'âme suppliante de l'intelligence et de la vertu. — De l'intelligence, pour constater ses véritables besoins ; de l'intelligence, pour découvrir ce qui réellement peut les satisfaire ; de l'intelligence, pour savoir à qui elle peut sûrement s'adresser ; de l'intelligence enfin, pour trouver le moyen d'intéresser efficacement à sa requête celui qu'elle sait en mesure et en disposition de la secourir. — De la vertu, il lui en faut, et beaucoup, d'abord pour accepter sincèrement l'infériorité que le besoin suppose et la dépendance que crée la nécessité vis-à-vis de celui qui seul peut l'en délivrer, ce qui ne va pas sans *humilité* ; de la vertu, il lui en faut ensuite, pour désirer ardemment, et toujours dans l'ordre de leur excellence, les biens propres à soulager sa misère, ce qui suppose une

charité ardente et ferme ; de la vertu, il lui en faut encore, pour aller avec une modeste et ferme assurance frapper à la porte du protecteur puissant et bon, de qui son sort dépend, ce qui sans espérance ou *confiance* serait impossible ; de la vertu, il lui en faut enfin pour présenter convenablement sa requête, et ici les convenances exigent impérieusement, de la part de l'âme suppliante, de l'*attention*, de la *modestie* et de la *persévérance*. Le chrétien connaît donc à fond ce que nous appellerions volontiers la *psychologie de la prière* ; il sait les lumières et les vertus qu'il doit acquérir pour bien prier ; il sait que le parfait suppliant est toujours éclairé, et que la parfaite prière, est humble, fervente, confiante, attentive, respectueuse et persévérante.

3. *Vers qui crier dans sa détresse.* — Il sait, en second lieu, et pertinemment, vers qui crier dans sa détresse. Il connaît, bien mieux que le simple déiste, la puissance et la bonté du Père céleste ; il connaît la toute-puissance et la toute-bonté du Sauveur Jésus, et sa mission de médiateur entre Dieu et les hommes ; il connaît le crédit dont jouissent, auprès de Dieu, les justes, les saints et les anges. Il peut donc, dans ses besoins, s'adresser, s'il le veut, directement au Père céleste ; s'il préfère habituellement passer par Jésus-Christ, c'est pour se conformer aux instructions du Sauveur lui-même, qui a promis l'efficacité à toute prière faite en son nom ; c'est pour imiter l'Eglise dont toutes les oraisons s'adressent à Dieu « par Jésus-Christ Notre-Seigneur » ; c'est pour obéir aux inspirations de son cœur ; c'est enfin pour mettre à profit les leçons de l'expérience. Ce qui d'ailleurs ne l'empêche pas de dire souvent avec l'Eglise : « Vous tous, Saints et Saintes de Dieu, intercédez pour nous », et de répéter sans cesse : « Sainte Marie Mère de Dieu, priez pour nous ».

4. *Ce qu'on peut et ce qu'on doit demander.* — Comment le chrétien l'ignorerait-il ? Il a appris de saint Augustin qu'il « est permis de demander tout ce qu'il est permis de désirer » (1). Il a lu dans l'Evangile, que ce que le

____

(1) « Hoc licet orare quod licet desiderare ». *Epist. ad Probam.*

disciple du Christ doit demander à Dieu, avant tout et par dessus tout, c'est la conformité parfaite de sa volonté à la volonté divine, c'est que le règne de Dieu arrive, c'est que la volonté de Dieu se fasse, en nous et par nous, partout et toujours : *Adveniat regnum tuum, fiat voluntas tua.* Tel est, à ses yeux, d'après les enseignements et les exemples du divin Maître, le premier et le dernier mot de la prière obligatoire. Il n'ignore pas qu'il est toute une catégorie de biens, les biens surnaturels, le salut par exemple et tous les secours nécessaires pour éviter le péché ou pour pratiquer la vertu, qu'il peut demander sans exception, sans réserve et sans condition. Des maîtres autorisés enfin lui ont appris qu'il est des biens qu'on ne peut demander que conditionnellement, c'est-à-dire, dans l'hypothèse et dans la mesure où ils peuvent faciliter l'œuvre du salut seule indispenpensable. De ce nombre sont les biens particuliers de l'ordre naturel, tels que la santé, la fortune, les honneurs, etc. (1),

5. *A qui peut profiter la prière.* — Le chrétien instruit ne l'ignore pas. Il a appris de ses maîtres dans la foi, qu'il est lui-même, toujours, le premier intéressé dans l'affaire qu'il traite avec Dieu en le priant. Bien prier, pour un chrétien fidèle, c'est toujours *mériter* une augmentation de grâce et de gloire ; c'est *satisfaire* pour ses péchés à la justice divine ; c'est enfin *obtenir* de Dieu ce qui fait l'objet même de sa demande. Le mérite de la prière est certain : c'est un acte de religion et de charité, et nous supposons notre chrétien fidèle, c'est-à-dire, en grâce avec Dieu. La satisfaction ne l'est pas moins, dans les mêmes conditions ; et la raison en est que la prière est toujours un effort, partant une peine. — L'efficacité est également infaillible, pourvu toutefois qu'on ait soin de demander ce qu'il faut et comme il faut. *Ce qu'il faut,* car Dieu ne peut pas exaucer une prière déraisonnable ; *comme il faut,* car Dieu

(1) « Temporalia autem licet desiderare, non quidem principaliter, ut in eis finem constituamus, sed sicut quædam adminicula, quibus adjuvamur ad tendendum in beatitudinem, inquantum scilicet per ea vita corporalis sustentatur et inquantum nobis organice deserviunt ad actus virtutum. » S. Thomas, II-II, q. 83, a. 6. Voir Suarez, *loc cit.*, cap. xxv.

ne peut pas davantage exaucer une prière mal faite (1).
« Vous demandez, disait déjà saint Jacques aux premiers
chrétiens, et vous ne recevez pas parce que vous de
mandez mal (2). Les mêmes maîtres lui ont encore enseigné
que sa prière peut être utile à ses frères ; ils lui ont fait,
au nom de l'Eglise et de Jésus-Christ, un devoir de n'ex-
clure aucune âme encore capable d'arriver à Dieu du bé-
néfice de son intercession ; ils lui ont ordonné de demander la conversion des pécheurs, l'avancement des
justes, et ils ont fait naître en son cœur l'espoir fondé de
contribuer, par ses prières, au soulagement des âmes que
purifient les épreuves du purgatoire.

6. *Pour présenter sa demande.* — Combien privilégié est
le sort du fidèle ! Des ressources variées dont dispose le
philosophe, aucune ne lui manque. Il peut, comme ce dernier, ou exprimer sans bruit dans le laborieux silence de
l'oraison mentale, ou faire résonner sur ses lèvres dans des
formules marquées au coin de sa personnalité et de son
génie, ses désirs et ses espérances. Il a ensuite l'immense
avantage de posséder dans la *liturgie* un trésor inépuisable
de prières publiques et officielles les unes, comme les
psaumes, inspirées par Dieu lui-même, les autres, comme
les oraisons et les hymnes du bréviaire, l'ordinaire de la
messe, le chapelet et la prière du matin et du soir, impo-
sées ou proposées par l'Eglise à la piété de ses enfants. Il
a enfin le bonheur de connaître la formule de prière qu'aucune autre ne peut égaler, qu'aucune autre ne peut rem-
placer, et qui, seule, résume et complète toutes les autres,
la divine formule du *Pater noster.*

7. *Le Notre Père.* — Saint Thomas résume ainsi, après
saint Augustin, la divine philosophie des sept demandes
du *Pater* : « L'Oraison dominicale, dit-il, est une prière
très parfaite : saint Augustin l'a suffisamment prouvé

(1) « Deus autem Salvator est, non solum quando facit quod
petimus, verum etiam quando non facit : Novit enim medicus
quid pro suâ quid contrà suam salutem poscat ægrotus : et ideo
contraria poscentis non facit voluntatem, ut faciat sanitatem. »
Saint Augustin, *Tract. LXXIII in Joan.*, n° 3. — « Quærite
primum regnum Dei, a dit le Sauveur, et justitiam ejus, et hac
omnia adjicientur vobis », *Matth.* vi, 33.
(2) Epître de saint Jacques, IV, 3.

quand il a écrit que, « si nous prions avec intelligence et convenance, nous ne pouvons rien dire de plus que ce qu'elle contient. » La prière étant, en un sens très vrai, l'interprète de nos désirs auprès de Dieu, nous ne pouvons raisonnablement demander dans la prière que ce que nous pouvons raisonnablement désirer. Or, l'oraison dominicale a cela de particulier que non seulement elle nous fait demander tout ce qu'on peut raisonnablement désirer, mais encore que tout ce que nous pouvons désirer elle le demande selon l'ordre dans lequel nous devons le désirer. — Il est clair, en effet, que nous souhaitons d'abord notre *fin*, et ensuite les *moyens* d'y arriver. — Notre *fin*, c'est Dieu, vers lequel notre cœur s'élève de deux manières : en voulant sa gloire, ce qui revient à l'aimer pour lui-même ; et en désirant la posséder, ce qui rentre dans la charité par laquelle nous nous aimons en Dieu. Au désir de voir éclater la gloire de Dieu correspond cette première demande : « Que votre nom soit sanctifié. » À celui de la posséder répond la deuxième : « Que votre règne arrive. » — De *moyen* en vue de cette fin, une chose peut pareillement en servir de deux façons : par elle-même et pour ainsi dire essentiellement, lorsque elle nous procure un *bien* qui rend plus facile la marche en avant, et accidentellement comme par contre-coup et indirectement, lorsqu'elle écarte seulement l'*obstacle* qui empêche de marcher. Or, les biens qui rendent facile et sûre la route qui mène à nos destinées éternelles sont au nombre de deux : l'*obéissance* à Dieu, qui nous fait mériter le bonheur du ciel : de là cette demande : « Que votre volonté soit faite en la terre comme au ciel » ; puis, le *secours* nécessaire pour mériter le ciel, que sollicite la quatrième demande : « Donnez-nous aujourd'hui notre pain quotidien », le pain *supersubstantiel*, comme dit saint Mathieu, c'est-à-dire la nourriture par excellence, tout ce qui donne et alimente la vie : le pain sacramentel qui fortifie l'âme et le pain matériel qui soutient le corps. — Trois obstacles se dressent devant nous sur le chemin de la béatitude : d'abord le *péché* qui ferme la porte du paradis, selon cette parole : « Ni les fornicateurs, ni les idolâtres, ni les sacrilèges ne posséderont le royaume des cieux. » Ici se présente la cinquième demande ; « Pardonnez-nous nos offenses. » Puis la *tentation*, qui empêche d'accomplir la volonté divine, et c'est à elle que se rattache la sixième demande : « Ne nous induisez pas en tentation », demande qui nous fait solliciter de Dieu, non pas le privilège d'échapper à la tentation, mais la grâce de ne pas être vaincus par elle. Enfin, les *peines* que l'on rencontre dans les sentiers de la vie ; d'où la septième et dernière demande : « délivrez-nous du mal (1). »

8. *Que votre volonté soit faite.* — Mais ce que le chrétien connaît encore le mieux, quand il le veut, c'est la *manière de bien prier.* Tout l'instruit : l'Evangile, l'Eglise, les Saints, les Orateurs. Un mot de Notre-Seigneur dit tout ce qu'il importe de savoir sur ce point, *fiat voluntas tua.* Prier, c'est en définitive travailler à faire la volonté de Dieu. Ecoutons Bossuet :

« Pour adorer Dieu en vérité, il faut connaître qu'il est souverain. Et à voir comme nous prions, je dis, ou que notre esprit ne connaît pas cette vérité, ou que notre cœur dément notre esprit. Considérez, chrétiens, de quelle sorte vous approchez de la sainte majesté de Dieu pour lui faire votre prière. Vous venez à Dieu pleins de vos pensées, non pour entrer humblement dans l'ordre de ses conseils, mais pour le faire entrer dans vos sentiments. Vous prétendez que lui et ses saints épousent vos intérêts, sollicitent pour ainsi dire vos affaires, favorisent votre ambition. Dans l'espérance de ce secours, vous lui promettez de le bien servir, et vous voulez qu'il vous achète à ce prix, comme si vous lui étiez nécessaire. C'est méconnaître votre souverain et traiter avec lui d'égal à égal. Car encore que vous ajoutiez : « Votre volonté soit faite », si vous consultez votre cœur, vous demeurerez convaincu que vous regardez ces paroles non comme la règle de vos sentiments mais comme la forme de la requête ; et permettez-moi de le dire ainsi, vous mettez à la fin de la prière : « Votre volonté », comme à la fin d'une lettre : « Votre serviteur ». Vous vous êtes échauffé dans la prière, à force de recommander à Dieu vos intérêts ; et si les choses

____

(1) Saint Thomas. — *Somme Théol.* II-II, q. 83, a. 9 ; — Saint Augustin, *De sermone dom. in monte,* l. II, cap. ix, x et xi, et *Enchiridion,* cap. cxv.

succèdent contre vos désirs, ne vous voit-on pas revenir, non avec ces plaintes respectueuses qu'une douleur soumise répand devant Dieu pour les faire mourir à ses pieds, mais avec de secrets murmures et avec un dégoût qui tient du dédain ? Chrétien, vous vous oubliez. Ce Dieu que vous priez n'est plus qu'une idole dont vous prétendez faire ce que vous voulez, et non le Dieu véritable qui doit faire de vous ce qu'il veut. »

« L'oraison », dit saint Thomas, est une « élévation de l'esprit à Dieu ». Par conséquent, il est manifeste, conclut ce docteur angélique, que celui-là ne prie pas qui, bien loin de s'élever à Dieu, demande que Dieu s'abaisse à lui, et qui vient à l'oraison, non pas pour exciter l'homme à vouloir ce que Dieu veut, mais seulement pour persuader à Dieu de vouloir ce que veut l'homme. Ce n'est pas que je ne sache que la divine bonté condescende aussi à nos faiblesses ; et que, comme dit excellemment saint Grégoire de Nazianze, l'oraison est un commerce où il faut en partie que l'homme s'élève, et en partie aussi que Dieu descende ; mais il est vrai toutefois qu'il ne descend jamais à nous que pour nous élever à lui. et si cette aigle mystique de Moïse s'abaisse tant soit peu pour mettre ses petits sur ses épaules, ce n'est que pour les enlever bientôt avec elle et leur faire percer les nues, c'est-à-dire toute la nature inférieure, par la rapidité de son vol. Ainsi vous pouvez sans crainte, et vous devez même exposer à Dieu vos nécessités et vos peines. Vous pouvez dire avec Jésus-Christ, qui l'a dit pour nous donner l'exemple : « Père, que ce calice passe loin de moi », mais croyez que ni vous ne connaissez Dieu comme souverain, ni vous ne l'adorez en vérité, jusqu'à ce que vous ayez élevé votre volonté à la sienne et que vous lui ayez dit du fond du cœur avec le même Jésus : « Père, non point ma volonté mais la vôtre ». — « Votre volonté soit faite » : *Fiat* » (1).

(1) BOSSUET. — *Loc. cit.*, p. 112, 113.

AUTEURS A CONSULTER

1° TERTULLIEN, *Liber de oratione*, Migne, t. I, col. 1150-1176 ; — SAINT CYPRIEN. *Liber de oratione dominica*, Migne, t. IV, col. 514-549 ; — SAINT CYRILLE DE JÉRUSALEM. *Catechesis XXIII*, *Mystagogica V*, Migne, t. XXXIII, col. 1110-1128 ; SAINT GRÉGOIRE DE NYSSE. *De oratione dominica orationes quinque,* Migne, t. XLIX, col. 1199-1194 ; — SAINT AUGUSTIN. *De sermone Domini in monte*, liber secundus, cap. III-XII, Migne, t. XXXIV, col. 1274-1287, et *Epistola 130 ad Probam*, Migne, t. XXXIII, col. 493-507.

2° SAINT THOMAS. *Summa Theologica, Secunda Secundæ*, q. 83 ; — MEDINA, *Tractatus secundus de oratione* (1581), t. I, p. 340-403 ; — SUAREZ. *De Religione*, tractatus, IV ; SAINT ALPHONSE DE LIGUORI. *Libellus de oratione* ; — PERRONE. *De virtute religionis*, cap. II ; — LEHMKUHL. *Theologia moralis*, t. I, n° 398, suiv.

3° BOSSUET. *Carême de Saint-Germain, sermon sur le culte du à Dieu*, vendredi de la 3° semaine, 2 avril 1666, édit. Lebarcq, t. V, p. 103, suiv. ; — BOURDALOUE. *Dominicales, sermon pour le 5° dimanche après Pâques*, édit. de Versailles, t. VII, p. 1-32, et *Pensées, De la prière*, t. XXIV, p. 301-364 ; — JOSEPH DE MAISTRE. *Les Soirées de Saint Pétersbourg, 4e et 5e Entretiens* ; — R. P. MONSABRÉ. *Conférences de Notre-Dame*, 1878, 21° conférence, *la Prière* ; — Mgr BOUGAUD. *Le christianisme et les temps présents*, livre cinquième, chap. IV ; — Mgr BAUNARD. *Collège chrétien*, t. II, p. 186, suiv. ; Mgr d'HULST. *Conférences de Notre-Dame*, 1893, *La Prière*.

TABLE DES MATIÈRES

Imprimerie BUSSIÈRE. — Saint-Amand (Cher).